L'ART DE LA SIMPLICITÉ

DOMINIQUE LOREAU

L'ART
DE LA SIMPLICITÉ

ROBERT LAFFONT

Sommaire

Troisième partie

LE MENTAL

À tous ceux qui désirent vivre
plus simplement et donc mieux
matériellement,
physiquement,
psychologiquement,
spirituellement,

afin de les aider à explorer
l'immense potentiel dont ils sont dotés.

« Ce printemps dans ma cabane
Absolument rien,
Absolument tout. »
Haïku de Kobayashi Issa

Introduction

Curieuse depuis l'enfance de ce qui se passait hors de France, j'ai orienté mes études supérieures dans cette optique : à dix-neuf ans, j'étais assistante de langue française dans un collège d'Angleterre, à vingt-quatre ans dans une université américaine du Missouri. J'ai ainsi eu le loisir de découvrir le Canada, le Mexique, l'Amérique centrale et, bien sûr, la plupart des États américains. Mais c'est en visitant un jardin zen près de San Francisco que j'ai éprouvé le désir impérieux de connaître les sources mêmes de tant de beauté. Je suis alors partie au Japon, ce pays qui m'attirait depuis toujours, sans que je puisse mettre des mots sur ce que je ressentais. Et j'y suis restée.

Vivre dans des pays aux civilisations aussi différentes m'a incitée à me remettre constamment en question et à chercher « le » mode de vie idéal. C'est donc par soustractions successives que j'ai petit à petit compris que la quête de la simplicité était la façon la plus juste de vivre à la fois confortablement et selon ma conscience.

Pourquoi le Japon? me demande-t-on lorsque je dis que cela fait vingt-six ans que j'y vis. Une question à laquelle tous ceux qui, comme moi, ont élu ce pays comme lieu de résidence répondent : une passion, un besoin. Un pays où je me sens à l'aise, et enchantée chaque matin à l'idée de faire de nouvelles découvertes.

Le zen et tout ce qui le concerne m'ont toujours fascinée : peinture au lavis, temples, jardins, sources thermales, cuisine, ikebana... Très vite, j'ai eu la chance de rencontrer un professeur de *sumi-e* (peinture à l'encre de Chine), qui m'a, pendant dix ans, non seulement initiée à cet art, mais à la façon de penser des Japonais : accepter la vie telle qu'elle se présente, sans chercher à tout expliquer, analyser, « disséquer ». Bref, « vivre zen ».

Enseignant le français dans une université bouddhiste, j'ai pu suivre un séjour d'initiation dans un temple zen, le Aichi Senmon Nissoudo de Nagoya, destiné à former des femmes bonzes. Quand je suis sortie de ce temple, j'ai encore mieux réalisé à quel point les Japonais, malgré leur apparence très moderne et « high tech », sont toujours imprégnés de cette philosophie ancestrale, jusque dans les moindres détails de leur vie quotidienne.

À fréquenter ce pays, j'ai découvert que la simplicité est une valeur positive et enrichissante.

Philosophes de l'Antiquité, mystiques chrétiens, bouddhistes, sages de l'Inde... se sont d'ailleurs atta-

chés, au fil des siècles, à nous en rappeler les principes. Elle permet de vivre libéré des préjugés,
contraintes et pesanteurs qui nous dispersent et nous
stressent. Elle offre la solution à beaucoup de nos problèmes.

Pour autant, vivre simplement ne m'est pas venu...
simplement! Ce fut plutôt l'aboutissement d'une
lente métamorphose, le désir de plus en plus prégnant
de vivre avec moins, mais dans plus de fluidité, de
liberté et de légèreté. Dans plus de raffinement aussi.
J'ai peu à peu réalisé que plus je me délestais, moins
ce qui me restait m'était indispensable : finalement,
on a besoin de très peu pour vivre. J'ai donc acquis la
solide et profonde conviction que moins on a, plus
on est libre et épanoui. Mais j'ai aussi conscience qu'il
faut savoir rester sur ses gardes : les pièges du consu-
mérisme, de l'inertie physique et mentale et de la
négativité nous guettent au moindre relâchement.

Né des notes que j'ai prises au fil des années depuis
que je vis au Japon, ce livre est le fruit de mes expériences, de mes lectures, rencontres, réflexions... qui
expriment mon idéal, mon credo, la ligne de conduite
et le mode de vie auxquels j'aspire et que je m'efforce
d'appliquer. Ces notes, je les ai toujours précieuse-
ment conservées et transportées avec moi pour ma
propre gouverne, afin qu'elles me rappellent ce que
j'ai tendance à oublier ou à ne pas mettre en pratique,
mais également afin de me conforter dans mes
convictions profondes quand, autour de moi, tout va

de travers. Elles continuent d'être pour moi une source précieuse de conseils et d'exercices que je m'efforce de suivre et de pratiquer « à petites doses », selon la nature des difficultés rencontrées, de mes besoins et de mes possibilités.

Notre époque commence à prendre conscience des dangers dus aux excès et à l'opulence, et de plus en plus nombreuses sont les femmes qui souhaitent redécouvrir les joies et les bienfaits d'une vie plus simple, plus naturelle – qui, au-delà des sirènes toujours plus voraces de la société de consommation, recherchent un sens à leur vie tout en restant en harmonie avec leur époque.

C'est à elles que ce livre s'adresse.

J'espère qu'il leur permettra d'appréhender, de façon très concrète, cet art de vivre aussi pleinement que possible qu'est l'art de la simplicité.

Première partie

Matérialisme et minimalisme

1

Les excès du matérialisme

Dans nos sociétés occidentales, nous ne savons plus vivre simplement, nous avons trop de biens matériels, trop de choix, trop de tentations, trop de désirs, trop de nourriture.

Nous gaspillons, détruisons tout. Nous utilisons des couverts, stylos, briquets, appareils photo jetables... dont la fabrication génère la pollution de l'eau, de l'air, et donc de la nature. Renoncez dès aujourd'hui à tout ce gâchis avant d'y être forcée demain.

Ce n'est qu'après avoir éliminé que de nouvelles perspectives se feront entrevoir et que des fonctions essentielles telles que s'habiller, manger ou dormir prendront une autre dimension, bien plus profonde.

Il ne s'agit pas d'atteindre la perfection mais une vie plus riche. L'abondance n'apporte ni la grâce ni l'élégance. Elle détruit l'âme et emprisonne.

La simplicité, elle, résout beaucoup de problèmes.

Cessez de trop posséder, vous aurez plus de temps à consacrer à votre corps. Et lorsque vous vous sentirez bien dans votre corps, vous pourrez l'oublier et cultiver votre esprit, accéder à une existence pleine de sens. Vous serez plus heureuse !

La simplicité, c'est posséder peu pour laisser la voie libre à l'essentiel et à la quintessence des choses.

Et puis... la simplicité est belle car elle cache des merveilles.

Le poids des possessions
(au sens propre et au figuré)

Le besoin d'amasser

> « Ils possédaient des boîtes et des boîtes de choses attendant d'être utilisées un jour, et pourtant, les Klein avaient l'air pauvres. »
>
> Extrait de *X Files*

La plupart d'entre nous voyagent dans la vie avec un bagage important, parfois excessif. Ne devrions-nous pas commencer à réfléchir et à nous demander pourquoi nous sommes tant attachés aux choses ?

Nombreux sont ceux pour qui les richesses matérielles représentent le reflet de leur vie, une preuve qu'ils existent. Ils associent consciemment ou non leur identité et l'image qu'ils ont d'eux-mêmes à ce qu'ils possèdent. Plus ils ont, plus ils se sentent sécurisés, accomplis. Tout devient objet de convoitise : les biens matériels, les bonnes affaires, les œuvres d'art, les connaissances, les idées, les amis, les amants, les voyages, un dieu et même l'ego.

Les gens consomment, acquièrent, accumulent, collectionnent. Ils « ont » des amis, « possèdent » des relations, « détiennent » diplômes, titres, médailles... Ils croulent sous le poids de leurs possessions et oublient ou ne réalisent pas que leur convoitise les transforme en êtres sans vie, parce que assujettis à des envies toujours plus nombreuses.

Bien des choses sont superflues mais nous ne le comprenons qu'au moment où nous en sommes privés. Nous en usions parce que nous les avions, non parce qu'elles nous étaient nécessaires. Que d'objets nous achetons parce que nous les voyons chez les autres !

Indécision et accumulation

> « Le monde des connaissances est assez riche pour peupler notre vie, sans y ajouter le besoin de bibelots inutiles qui ne feraient qu'accaparer notre esprit et nos heures de loisir. »
>
> Charlotte Périand, *Une vie de création*

Afin de simplifier, il faut faire des choix, parfois pénibles. Bien des gens finissent leur vie entourés de tonnes (au sens littéral du mot) d'objets auxquels ils ne tiennent pas et qui ne leur sont pas utiles, parce qu'ils n'ont pas pu se décider à savoir qu'en faire, qu'ils n'ont pas eu le nerf de les donner, de les vendre ou de les jeter. Ils restent attachés au passé, aux ancêtres, aux souvenirs, mais oublient le présent et n'envisagent pas l'avenir.

Jeter requiert de l'effort. Ce n'est pas se débarrasser qui est le plus difficile, mais juger de ce qui est utile ou inutile. Il est éprouvant de se détacher de certains objets, mais ensuite quelle satisfaction !

La peur de changer

> « Non, les braves gens n'aiment pas que... L'on prenne une autre route qu'eux ! »
>
> Georges Brassens, *La Mauvaise Réputation*

Notre culture s'accommode mal de ceux qui choisissent de vivre frugalement, car ces derniers représentent un danger pour l'économie et la société de consommation. Ils sont considérés comme des marginaux, des individus inquiétants. Les personnes qui, par choix, vivent modestement, mangent peu, gaspillent peu, cancanent peu ou jamais, sont qualifiées d'avares, d'hypocrites et d'asociales.

Changer veut dire vivre. Nous sommes des contenants, non des contenus. Se défaire de ses possessions peut aider à devenir celui ou celle que nous aurions aimé être.

Nombreux sont ceux qui se récrieront qu'ils ont été matériellement dans le besoin pendant leur jeunesse et qu'ils se sentiraient coupables de gaspiller en jetant.

Mais gaspiller veut dire jeter quelque chose dont on peut encore faire usage. Si l'on jette ce qui ne sert à rien, on ne gaspille pas. C'est en gardant cette chose, au contraire, qu'on gaspille !

On perd tant de place à combler les espaces, d'énergie à décorer son salon suivant ce que l'on voit dans les magazines de décoration, de temps à ranger, nettoyer, chercher...

Les souvenirs nous rendent-ils si heureux? Plus heureux? Les choses ont une âme, dit-on. Mais l'attachement au passé doit-il envahir le futur? Rendre statique le présent?

Optez pour le minimalisme

« Un homme est riche des choses dont il peut se passer. »

David Thoreau, *Walden*

L'économie dans l'art de vivre est une philosophie pratique, car vivre avec peu améliore la qualité de la vie.

Notre essence n'est pas incarnée dans les choses, et pour devenir minimaliste, il faut parfois un bagage spirituel et intellectuel. Certains peuples, tels les Coréens, aiment d'instinct ce qui est sobre et épuré. Tout leur art en fait preuve.

Nous pouvons tous choisir la richesse de posséder peu. Ce qui compte, c'est d'avoir le courage d'aller jusqu'au bout de nos convictions.

Discipline, netteté et volonté sont les conditions pour vivre avec le strict nécessaire dans des pièces propres et aérées. Le minimalisme nécessite une discipline de vie et un grand souci du détail. Éliminez le plus possible, tâchez de ne pas vous laisser envahir par les objets et les meubles, puis passez à autre chose. L'idée même d'éliminer ne vous concernera plus. Vos décisions deviendront instinctives, votre style vestimentaire plus élégant, votre maison plus confortable, votre agenda moins rempli. Le bon sens resurgira et vous verrez la vie avec plus de lucidité. Apprenez à éliminer en douceur mais avec rigueur.

Arrêtez-vous un moment et réfléchissez à tout ce que vous pouvez faire pour avoir une vie plus facile.

Demandez-vous :
- Qu'est-ce qui complique ma vie ?
- Est-ce que ça en vaut la peine ?
- Quand suis-je le plus heureuse ?
- Est-ce que le fait d'avoir est plus important que le fait d'être ?
- Jusqu'à quel point puis-je me contenter de peu ?

Un conseil : faites des listes, elles vous aideront à désencombrer votre existence.

Utilisez le moins d'objets possible

> « Cinq minutes suffisent à un Japonais pour se préparer à un long voyage. Il a peu de besoins. Sa capacité à vivre sans entraves, sans meubles, avec un minimum de vêtements fait sa supériorité dans cette lutte constante qu'est la vie. »
>
> Lafcalio Hearn, *Kokoro*

Songez, en vous arrêtant devant chacun des objets qui sollicitent vos sens, qu'il se dissout déjà, qu'il se transforme et qu'il tombera un jour en poussière.

Rien n'est plus gratifiant que de savoir jauger avec méthode et vérité chacun des objets rencontrés dans la vie : quelle est leur utilité, à quel univers ils se rapportent, quelle valeur ils donnent à votre propre vie.

Discernez de quels éléments ils sont composés, combien de temps ils peuvent durer et ce qu'ils éveillent en vous.

Enrichissez plutôt votre corps de sensations, votre cœur d'impulsions et votre esprit de principes que votre vie d'objets.

La seule façon de ne pas être possédé est incontestablement de ne rien (ou presque rien) posséder, et surtout de désirer le moins possible. Les accumulations sont un fardeau. La multiplicité et la fragmentation également.

Débarrassez-vous de tous les biens de ce monde comme d'une vieille loque qui vous irrite. Vous parviendrez alors à l'ultime degré de perfection de vous-même.

Comment peut-on recevoir si l'on ne fait pas de la place d'abord? N'accordez pas plus d'importance aux choses qu'aux valeurs humaines, qu'à votre labeur, à votre paix, à la beauté, à votre liberté et en général à ce qui est vivant.

Trop de choses nous envahissent, nous emportent et nous détournent de l'essentiel. Notre esprit à son tour devient aussi encombré qu'un grenier plein de vieilleries accumulées avec le temps, qui nous empêchent de bouger et d'aller de l'avant. Or, vivre, c'est précisément aller de l'avant. Accepter la multiplicité et les accumulations mène à la confusion, aux soucis et à la lassitude.

Comme il est bon de tout jeter dans le coffre de sa voiture et de partir pour une destination encore inconnue!

Ne soyez pas possédée

« J'avais fait de la simplicité le principe unifica-
teur de mon existence. J'étais déterminé à ne garder que des choses réduites aux bases essentielles.
Quelque part, dans cette formule ascétique et
spartiate, se trouvait une bénédiction et j'allais
méditer sur le sujet jusqu'à ce que cette bénédiction soit mienne. »

Milan Kundera,
L'Insoutenable Légèreté de l'être

Ce n'est pas nous qui possédons les choses. Ce sont
elles qui nous possèdent.

Chacun est libre d'avoir ce qui lui plaît, mais ce
qui compte avant tout, c'est l'attitude que l'on a vis-
à-vis des choses, c'est de connaître les limites de ses
propres besoins, et ce que l'on attend de sa propre
vie : savoir ce que l'on aimerait lire, les films que l'on
voudrait voir, les endroits qui nous apportent une
joie profonde...

Un tube de rouge à lèvres, une pièce d'identité, un
billet de banque suffisent dans un sac à main. Si vous
n'avez qu'une seule lime à ongles, vous saurez toujours où la trouver. Ce qui est matériel devrait avoir
un minimum d'importance, mis à part le confort, la
qualité de l'environnement et un ou deux beaux
meubles. Refuser de posséder trop, c'est pouvoir
apprécier plus pleinement tout ce qui apporte des
joies spirituelles, émotionnelles, intellectuelles.

Jetez ce qui est inutile ou trop usagé. (Ou bien
déposez-le au pied de votre immeuble avec une pan-
carte l'offrant à qui en voudra.)

Donnez ce qui peut servir (livres, vêtements, vaisselle...) aux hôpitaux et aux maisons de retraite. Vous
ne perdrez rien à ce geste, au contraire : vous gagnerez
beaucoup en satisfaction et en joie.

Revendez les biens dont vous ne vous servez pas,
ou si peu. Puis, après avoir fait le vide, appréciez
enfin le privilège de ne plus rien avoir à offrir aux
voleurs, aux flammes, aux mites ni aux envieux.
Posséder davantage que le strict minimum, c'est se
charger de nouveaux malheurs. Et puis, nous le
savons tous, personne ne surnage avec trop de
bagages.

La maison : non à l'encombrement

La maison doit être l'antistress de la ville

> « Espace, lumière, ordre, voilà ce dont l'homme
> a besoin pour vivre, autant que de nourriture ou
> d'un lit. »
>
> Le Corbusier

Lorsqu'une maison est vide, excepté quelques
belles et parfaites nécessités, elle devient un havre de
paix. Chérissez-la, nettoyez-la et habitez-la avec respect, cela dans le but de servir à protéger votre trésor
le plus précieux : vous-même.

C'est lorsque l'on n'est plus préoccupé par les
considérations matérielles que l'on peut s'épanouir.

Le corps abrite l'esprit comme la maison abrite le
corps ; notre esprit doit être libéré pour pouvoir se
développer.

Chacune de nos possessions devrait nous rappeler que nous n'avons besoin de rien d'autre qu'elle, et que c'est son utilité qui la rend si précieuse ; sans elle, nous ne pourrions « fonctionner » normalement.

La maison devrait être un lieu de repos, une source d'inspiration, une aire thérapeutique. Nos villes sont surpeuplées, bruyantes, avec trop de couleurs et de distractions visuelles qui nous agressent et nous blessent. C'est à la maison de nous redonner de l'énergie, de la vitalité, de l'équilibre, de la joie. Elle est une protection matérielle et psychologique, aussi bien pour le corps que pour l'esprit.

Il n'y a pas seulement la sous-nutrition alimentaire. Il y a aussi la sous-nutrition spirituelle, et c'est là que la maison joue son rôle. De même que de la nourriture dépend notre santé, ce que nous mettons dans notre intérieur a de sérieuses répercussions sur notre équilibre psychologique.

Fluidité, versatilité et décoration zéro

> « C'est l'amour de l'abstrait qui poussait le Zen à préférer les esquisses en noir et blanc aux peintures soigneusement exécutées de l'École bouddhique classique. »
>
> Mai Mai Sze, *Le Tao de la peinture*

La « superfluidité » d'un intérieur est ce que j'appellerais une fonction pour laquelle tout a été soigneusement pensé : un intérieur idéal tel qu'il nécessiterait un minimum d'entretien, de rangement et de travail, tout en apportant confort, calme et joie de vivre.

Le Bauhaus [1], l'art des Shakers [2] ainsi que les intérieurs japonais ont tous pour facteurs communs efficacité, flexibilité et le concept de « MOINS POUR PLUS ».

Une maison au mobilier sobre permet plus de mobilité. Objets et meubles doivent rester légers et toujours prêts à satisfaire le corps, pas seulement l'œil. Ce dernier doit « sentir » qu'un tapis est moelleux, un revêtement mural en bois odorant ou une cabine de douche rafraîchissante. Mettez aux ordures les cendriers pesants, les tapis de laine impossibles à soulever, les lampadaires dans les fils desquels vous trébuchez, les tapisseries brodées par la grand-tante, les cuivres qui redeviennent ternes aussitôt qu'ils ont été frottés et les mille ramasse-poussière qui encombrent le manteau de votre cheminée, le dessus de votre console et les étagères.

Pensez plutôt à changer certains détails architecturaux, à installer des luminaires fonctionnels et doux, à faire remplacer les robinets défectueux... Le confort est un art et, sans celui-ci, toute forme de décoration est vaine.

Le style « flottant » des architectes, ou « style espace blanc », est un style où les choses existent grâce au vide qui les entoure. Les gens ayant choisi ce type d'esthétique dans leur habitat font peu de conces-

---

1. École allemande d'architecture et d'arts appliqués qui a, au début du XXᵉ siècle, bouleversé le domaine de l'architecture.
2. Société de croyants chrétiens exilés aux États-Unis et qui recherchaient la perfection sur terre à travers la beauté « utile ».

sions : à peine deux ou trois livres, une bougie parfumée et un bon grand et moelleux canapé.

Psychologiquement, une pièce meublée de vide appelle la lumière et toutes sortes d'influences bénéfiques à venir la remplir. Le moindre objet devient un objet d'art et chaque minute un moment précieux.

Un espace vide offre à ses occupants le sentiment qu'ils ont le contrôle de leur existence, parce qu'ils ne sont pas possédés, ce qui leur apporte un surcroît de confort et de satisfaction.

Sans vide, il n'y aurait pas de beauté. Sans silence, il n'y aurait pas de musique. Tout alors prend une signification. Une tasse de thé dans une pièce dépouillée à l'extrême deviendra une présence, bientôt remplacée par celle d'un livre ou d'un ami sur le petit écran ; dans un espace vide tout devient composition, nature morte, tableau.

Les premières maisons du Bauhaus ont longtemps été critiquées pour leur austérité, malgré leur beauté. Elles étaient pourtant un modèle de fonctionnalité, de bon sens, et elles auraient pu devenir le temple des sens, avec leurs espaces réservés à la culture physique, aux bains de soleil, à l'entretien et à l'hygiène du corps ; tout y était pensé en fonction du confort.

Mettez votre maison à la diète

En simplifiant l'espace d'un intérieur (en faisant de trois petites pièces une grande si vous le pouvez), en vous débarrassant de tout ce qui ne sert à rien, vous aurez la même impression qu'en vous nourrissant à nouveau d'aliments naturels après n'avoir absorbé que de la nourriture industrielle.

Refusez tout ce qui ne fonctionne pas aisément. Demandez à un professionnel de faire disparaître jusqu'au plus petit fil électrique dans une plinthe, sous un parquet ou dans une baguette spéciale. Faites changer les robinets qui ferment mal, les chasses d'eau bruyantes, la cabine de douche trop exiguë, une poignée inadaptée... toutes ces petites contrariétés qui empoisonnent votre vie quotidienne.

Un des grands avantages de notre époque est la miniaturisation des techniques de communication qui nécessitent de moins en moins d'espace pour travailler.

Dans une maison, ce n'est pas la décoration qui devrait être essentielle, mais les personnes qui s'y trouvent. L'intégrité de la matière est la clé du confort. Fermez les yeux en choisissant. Et défaites-vous de ces idées préconçues que le cachemire est réservé aux riches. Un plaid de pashmina tient plus chaud que deux couvertures superposées, voyage de pièce en pièce, de voiture en avion, et vous servira pendant des années, beau et confortable.

Quant aux couleurs, optez pour un monde monochrome. Les couleurs fatiguent la vue. Le noir, le blanc et le gris, eux, sont à la fois l'absence et la fusion de toutes. Ils apportent un style d'une extrême simplicité comme si toutes les complexités avaient été éliminées par distillation.

Nous sommes l'espace dans lequel nous vivons

Lorsque nous prenons possession d'un nouvel habitat, nous l'enfilons autour de notre personnalité, tel un vêtement, une carapace, une coquille.

Ce que nous exprimons au monde définit assez souvent ce que nous sommes en nous-mêmes. Pourtant, bien des gens restent indécis quant à leurs goûts et au choix de ce qui leur apporte de réelles satisfactions.

C'est en créant un environnement conforme à nos aspirations les plus profondes que nous pouvons consciemment orchestrer le lien existant entre notre moi intérieur et notre moi extérieur.

Architectes et ethno-sociologues s'accordent à dire que c'est la maison qui « moule » l'esprit d'un individu et qu'un homme dépend du lieu où il vit.

Son environnement forme sa personnalité et influence les choix qu'il fait. Nous comprenons d'ailleurs beaucoup mieux une personne quand nous voyons là où elle vit ou a vécu.

La maison ne devrait pas être une cause de soucis, un travail supplémentaire, un poids à porter ou un fardeau. Elle devrait au contraire nous ressourcer.

Le mot anglais *clutter*, qui veut dire « encombrement, fouillis, désordre », vient du mot *clog* qui signifie « caillot ». De même qu'un caillot peut perturber la circulation sanguine, le désordre bloque le bon fonctionnement d'un intérieur.

Trop de maisons ressemblent à des salles de brocante, à des musées de province ou à des garde-meubles. Au Japon, au contraire, une pièce n'est considérée habitée que lorsqu'elle est occupée. Quand la personne quitte cette pièce, il n'y reste aucune accumulation, aucun résidu de l'existence d'un individu ni des activités qu'il y a exercées. Tous les objets utilisés étant pliants et compacts, ils sont mis dans un placard après utilisation (futon, planche à repasser, bureau de travail, table basse, coussins pour s'asseoir...).

Ces pièces permettent à leurs occupants de se mouvoir sans être préoccupés par la mémoire d'autres présences, appartenant à ce monde ou à un autre.

Pensez « minimum » pour votre habitat

Concevez-le compact, confortable, pratique.

Vivre aisément est le but suprême. Le confort dépend souvent de l'espace. Des espaces adéquats, des espaces libérateurs, des espaces généreux... vivre au mode « condensé » peut, en ce qui concerne l'habitat, être une vertu. En partie dû à la nécessité, en partie dû à la religion et à leurs idées éthiques, les Japonais ont depuis longtemps développé une esthétique de l'ultime dans laquelle les moindres détails ont de l'importance, y compris les plus petits espaces qui, bien agencés, font oublier leur taille.

Un petit coin parfait, un bon livre et une tasse de thé peuvent apporter une satisfaction extrême.

Vivre avec très peu peut être un idéal ; mais il faut se plonger dans un certain état d'esprit pour s'y faire : préférer le vide à l'opulence, le silence à la cacophonie, les éléments classiques et durables à tout ce qui est à la mode. Le but ? Préserver suffisamment d'espace dans lequel nous mouvoir, faire en sorte que tous les obstacles qui ne sont perçus, la plupart du temps, que de manière inconsciente et qui contribuent à nous donner un sentiment de claustrophobie, soient éliminés. Une pièce vide, nue, peut devenir très chaleureuse si elle est faite de matériaux chauds et doux tels le bois, le tissu, le liège, la paille...

Un logis peut se résumer à une taille tout juste supérieure à celle d'une immense malle de voyage qui ne contiendrait que les nécessités absolues, au lieu de n'être qu'une construction immuable emplie de choses susceptibles de « servir un jour ».

Les temps changent, nous devrons en faire autant, nous adapter à de nouveaux concepts et de nouveaux modes de vie. Les villes sont de plus en plus surpeuplées et il faudra se contenter, dans le futur, d'appartements plus petits. Nous aurons donc à demander aux Japonais de nous inspirer pour vivre avec beauté et sagesse dans des espaces réduits.

Le boudoir si apprécié au XIXᵉ siècle devrait revenir sur les maquettes des architectes. Il comprendrait un lavabo, une penderie, un pan de mur tout en miroirs, un coin sofa pour le repos, l'intimité ou le courrier personnel, enfin un endroit où prendre soin de soi tout à son aise. Une telle pièce est aussi importante que la salle de bains où, excepté pour le bain ou la douche, tout est incommode (maquillage, manucure, habillage et déshabillage, soins divers...).

Quelques mètres carrés mieux utilisés pourraient faire des merveilles.

Une pièce vide

Une pièce apparemment vide peut se révéler extrêmement luxueuse si elle est agencée avec des détails bien conçus. Elle permet alors à son occupant de se vider l'esprit, comme dans un grand hall d'hôtel, une église ou un temple. Le design industriel des années 1950, avec ses chromes et ses lignes droites, retient les mêmes principes. Il ne se résume pas forcément à « zéro », mais il donne lui aussi une sensation de paix et d'ordre.

Simplifier, cela revient à embellir. Un embellissement « au point zéro » détend.

Oui, le minimalisme coûte cher : quelques bibelots dans une vitrine sont plus accessibles à une bourse que des panneaux muraux en bois rares. Cependant, vivre dans le minimalisme demande plus que des liquidités. Cela exige une conviction inébranlable. La vie peut être dédiée à l'ordre et à la beauté sans négliger diverses passions : musique, yoga, collection de jouets anciens ou de matériel électronique...

Un talisman, en revanche, n'est pas à mettre sur le même plan qu'un simple élément de décoration. Il est là pour nous permettre de puiser une énergie personnelle. Il faut donc lui réserver un emplacement particulier.

Faites l'expérience, ne serait-ce qu'une semaine, de mettre tous vos bibelots hors de vue. Le vide vous apportera peut-être des révélations...

Ne vivre que dans le passé ou avec les souvenirs, c'est oublier le présent et se fermer les portes du futur.

Une maison esthétiquement belle et « en bonne santé »

Tout, dans notre environnement, parle pour nous. Et si nous acceptons un design vulgaire, il faudra payer. Prendre soin de l'esthétique affine notre sensibilité. Et plus nous donnons d'importance aux détails, plus ils nous touchent. Après avoir utilisé des lampes au système d'intensité réglable, on trouve cruel un interrupteur qui fait passer brutalement de l'obscurité à l'aveuglement. Tout ce qui ne fonctionne pas à la perfection dans un intérieur est un petit « bobo », comme un léger mal de tête ou une dent en début de carie. Une maison en « mauvaise santé », c'est aussi quand on ouvre des placards pleins à craquer de vêtements et qu'on ne trouve rien à se mettre. C'est quand on découvre dans le réfrigérateur des produits périmés, ou quand le congélateur ressemble au pôle Nord. C'est quand on est planté devant des piles de bouquins et qu'aucun ne vous inspire. Placards incorporés, luminaires inclus dans les murs et les plafonds, bricoles balayées, voilà une demeure où l'on peut enfin se reposer ; un lieu qui respire et conduit à l'essentiel. Ne faites aucun compromis avec l'inutile.

Apportez de l'énergie dans votre intérieur

> « Les parfums, les couleurs et les sons
> se répondent. »
>
> Baudelaire

Depuis 5 000 ans, les Chinois pratiquent le Feng shui (science de l'énergie de transmission) dans les lieux qu'ils occupent. Ils sont convaincus que nous sommes en permanence influencés par le monde dans lequel nous vivons (le temps qu'il fait, les personnes côtoyées, les objets...) et que ce qui remplit notre quotidien nous influence, nous irrite, nous réjouit et a continuellement un impact en nous, que nous en ayons conscience ou non.

Nous-mêmes, nous influençons le monde extérieur par nos attitudes, notre façon de marcher, de parler, par nos actes. Notre vibration générale et notre rayonnement agissent eux aussi sur les êtres vivants et sur l'ordonnance du monde matériel. Nous recevons et nous transmettons donc du « ki », cette forme d'énergie vitale.

Le Feng shui insiste d'abord sur la propreté des lieux. Quand l'apparence est soignée, le reste l'est aussi. L'esprit est plus clair, les décisions plus franches.

L'entrée de la maison doit être accueillante, claire, avec des fleurs : ce qui se concentre dans l'entrée intensifie son passage vers l'intérieur. Un miroir, un tableau aux couleurs gaies peuvent remédier à la pénombre ou à l'exiguïté du lieu. Le ki doit circuler dans la maison – pas de passages « coincés ».

Tout ce qui pénètre dans la maison doit être une « nourriture ». Chaque objet placé dans l'entrée va voir son impact multiplié. Toute couleur va qualifier le ki de son pouvoir vibratoire.

Les angles, quant à eux, renvoient un ki « cassant ». Il est donc conseillé de les adoucir avec par exemple une plante au feuillage rond. L'atmosphère de la pièce entière en sera transformée.

Sons, couleurs, matières, plantes doivent apporter de subtils enrichissements vibratoires. Notre univers doit fonctionner en parfaite harmonie avec les lois de l'univers. Observer et comprendre les fondements de la vie nous permet de nous mettre en accord avec eux, d'introduire consciemment leur place dans notre vie, afin de ne plus nager à contre-courant.

Pour obtenir l'abondance, conservez toute la nourriture dans un seul endroit et veillez à ce que cet endroit soit bien fourni en provisions. Le sentiment de manque ne doit jamais apparaître. La coupe de fruits doit être toujours pleine, le frigo vide de légumes morts et de restes de trois jours. Tout objet coupant, pointu, doit être hors de vue (couteaux, ciseaux...), toute plante malade ou fleur fanée jetée (le fait d'assister au lent dépérissement des plantes provoque un découragement inconscient), tout aliment périmé éliminé. Les Chinois ne mangent d'ailleurs jamais de restes et ne cuisinent que des ingrédients extrêmement frais. Ils ont appris que c'est de cela que dépend leur énergie.

Ils pensent aussi que des fleurs séchées à proximité vont absorber ce qu'il y a en eux pour essayer de revivre, qu'une poubelle mal placée (près du robinet) va apporter de mauvaises vibrations à l'eau (du point de vue de la radiesthésie, cela s'explique...)

Garder un appartement propre, gai et vide de mauvais ki changerait l'image que nous donnons aux autres, même si nous sommes à mille lieues de notre habitation. Nous devons rester en union parfaite avec notre intérieur, où que nous soyons. Laissez une maison impeccable en partant au bureau le matin et toute votre journée s'en trouvera transformée !

Le ki dépend des matériaux et des formes de l'objet sur lesquels il passe. La poussière et la saleté sont les refuges privilégiés du ki stagnant, destructeur de l'harmonie. Tapis, moquettes représentent un ancrage dans la matière : ils développent les ressources basiques de l'existence. Comme l'énergie vient du sol, toutes les surfaces de la maison et les chaussures doivent être impeccables. Les Orientaux se déchaussent d'ailleurs chez eux !

Le Feng shui atteindra son impact maximal lorsque nous aurons trouvé notre essence intérieure, lorsque chaque minute de notre vie sera vécue en fidélité profonde avec l'être que nous sommes réellement.

Lumières et sons

> « La lumière de la lune sculpte, celle du soleil peint. »
>
> Proverbe indien

La lumière, c'est la vie. Un être humain qui en est privé devient malade et même fou.

Dans un intérieur, évitez les lumières uniformes. La lumière naturelle change constamment. Elle met en valeur ou assombrit tout ce que nous voyons.

Les bruits d'une maison, eux aussi, affectent notre santé bien plus que nous n'en avons conscience : une porte qui grince, une sonnerie de téléphone brutale. Mais on peut huiler les gonds, choisir un téléphone à sonnerie musicale, poser une moquette épaisse afin d'assourdir les bruits...

Choisissez, lors de l'achat de vos appareils ménagers, ceux qui sont les moins bruyants. L'oreille humaine reçoit une conversation à 60 décibels et souffre à 120. Alors pourquoi accepter un mixer qui en émet 100 ? Téléphones, réveils, sonnettes d'entrée... sélectionnez tout avec vigilance.

Les aires de rangement

> « Un bon rangement devrait être structuré à partir de nos menus gestes, de gestes qui sont dictés par nos besoins. L'élément primordial de l'équipement domestique est le rangement. Sans un rangement bien conçu, aucun vide n'est possible dans l'habitat. »
>
> Charlotte Périand

Une maison n'abrite pas seulement les êtres humains, mais aussi les choses, et parfois des animaux. Elle devrait en conséquence avoir assez de placards intégrés afin d'éviter le désordre et l'ajout inconsidéré d'armoires, commodes, consoles, et mille autres objets disparates.

Les placards devraient ne pas se résumer à de simples « espaces vides », mais être aménagés selon les besoins. Il ne faut pas avoir à utiliser un tabouret chaque fois qu'on veut sortir une casserole, ni traverser la cuisine pour aller ranger une petite cuillère. Si les choses ne sont pas rangées, c'est parce qu'elles n'ont pas un espace pratique où reposer.

Les meubles de rangement devraient être construits à proximité immédiate de la fonction correspondante, de façon à minimiser le nombre des gestes et des pas de l'occupant. Il devrait y avoir, par exemple, au moins un placard de ménage à chaque étage d'une maison, un cellier près du coin cuisine, une armoire pour le linge de toilette et de nuit dans la salle de bains, un « espace vestiaire » pour les vêtements d'extérieur, les sacs, les parapluies, les chaussures, les bagages d'un visiteur... près de la porte d'entrée. Pourquoi tous ces espaces ne sont-ils pas pris en compte lors de la construction d'un immeuble ?

Rationalisme et souci de l'efficacité devraient être les bases du travail, du repos et de la santé.

Les choses : qu'éliminer, que garder ?

L'« avoir » essentiel

Quels sont nos besoins essentiels ? Il faut un minimum pour vivre, et assez pour bien vivre.

Le Moyen Âge fut une période de l'Histoire où minimalisme et spiritualité s'entendaient à merveille. Jusqu'à la Renaissance, nourriture, habillement et logis ne se limitèrent qu'à des besoins auxquels répondait la raison. Mais cela n'est plus vrai ni adéquat de nos jours ; du moins pour la société dans laquelle nous vivons.

Un photographe connu a rapporté, après avoir enquêté dans le monde entier, qu'en Mongolie, un habitant possède en moyenne 300 objets à lui seul et qu'un Japonais en possède 6 000.

Et vous ?

À quoi se résume le minimum ?

Une table, un lit et une bougie dans une cellule de monastère ou de prison pourraient être une réponse, si l'on fait abstraction de leur nudité déprimante. Mais on peut certainement vivre bien, en ajoutant à ce tableau deux ou trois objets très beaux, choisis à la hauteur de notre ascétisme. Quelques belles choses pour nourrir notre âme et satisfaire notre besoin de beauté, de confort et de sécurité : un seul et beau bijou, un canapé italien...

L'idéal serait de ne posséder que le strict nécessaire tout en vivant dans un endroit de rêve, un intérieur irréprochable et un corps travaillé, souple, et soigné ; et aussi d'être totalement indépendant. Alors l'esprit pourrait rester libre et ouvert à tout ce qu'il n'a pas encore découvert.

Le besoin premier de tout être humain est de vivre dans des conditions lui permettant de préserver sa santé, son équilibre et sa dignité ; ensuite de pouvoir accéder à la qualité dans son habillement, sa nourriture et son environnement. Mais malheureusement, la qualité même de la vie est devenue un luxe !

Les possessions personnelles

Tout ce que possède une personne devrait pouvoir tenir dans un ou deux sacs de voyage : une garde-robe bien pensée, un vanity-case, un album de vos photos préférées, deux ou trois objets personnels. Le reste, c'est-à-dire tout ce que l'on peut trouver dans une maison (literie, vaisselle, télévision, meubles) ne devrait pas être considéré comme notre possession.

Adoptez un tel mode de vie et vous serez capable de vivre dans la paix et la sérénité. Vous obtiendrez quelque chose que peu de gens possèdent : la disponibilité.

Il faudrait se préparer aussi tôt que possible à quitter ce monde en ne laissant derrière soi qu'une maison, une voiture, de l'argent... et quelques beaux souvenirs. Pas de petites cuillères en argent, de dentelles, de problèmes de succession, ni de journaux intimes.

Jetez vos gadgets, dites à votre entourage que la seule chose que vous voulez, c'est ne pas posséder, échangez vos vieilles armoires contre un canapé moelleux, votre argenterie contre des sanitaires chromés, les robes que vous ne portez jamais contre un lainage de qualité, vos relations contre plus de temps pour les vrais amis et vos séances chez le psychologue contre une caisse de Moët et Chandon !

Le reste n'appartient qu'au monde de l'intellect, de l'esprit, du mystère, de la beauté et des sentiments.

Il ne tient qu'à vous de réorganiser votre vie sous un jour plus gai et plus vivant, et d'en persuader la personne partageant votre vie...

Dites adieu à l'inertie, aux accumulations, aux chansons tristes et aux gens maussades ; car à toutes ces accumulations de poids morts s'ajoutent des couches et des couches de valeurs fausses, d'habitudes et de fardeaux qui aveuglent, empêchant toute concentration possible sur ce que nous pourrions encore creuser au fond de nos pensées, de notre cœur et de notre imagination.

Pensez « petit », vivez « léger » et simplifiez

> « Vivez compact et préparé comme si l'ennemi allait arriver, de manière à pouvoir quitter votre maison les mains presque vides en l'espace de quelques secondes. »
>
> David Thoreau, *Walden*

Restez toujours en alerte et prête à faire face à l'imprévu.

Faites une liste personnelle et détaillée de toutes vos possessions. Cela vous aidera à sélectionner ce qui est inutile. Excepté quelques fantaisies dans votre garde-robe, tout ce que vous possédez devrait se réduire à un strict minimum et pouvoir être transportable par vous et vous seule. Les Japonais étaient obligés de vivre ainsi à cause des fréquents incendies, des voleurs et des catastrophes naturelles. Ils choisissaient leurs biens toujours avec l'idée de pouvoir les emporter en s'enfuyant.

Ne possédez presque rien matériellement, et assurez-vous que tout ce que vous avez est absolument nécessaire et pratique à l'usage. Souvenez-vous que le poids, c'est l'ennemi, autant pour la santé que pour les choses. Les Touaregs ne possèdent que des bagages légers.

Essayez de remplacer vos possessions actuelles par d'autres, de volume et de taille moins importants. Vendez vos armoires en chêne pour des placards intégrés et intelligemment menuisés.

Imaginez que votre chambre ressemble à une alcôve ou que votre maison est un petit bateau. Vous pourriez vivre sans meubles, dans de merveilleuses maisons mauresques qui n'ont pour mobilier que des tapis somptueux, quelques coussins et des plateaux à thé.

Les meubles lourds et encombrants pèsent autant sur la conscience que sur les sangles des déménageurs et ils limitent la liberté de se mouvoir avec aisance dans une pièce ; à moins que vous ne viviez dans un château...

Que ce soit une bibliothèque de chêne ou un bol à thé, une table de cuisine ou un porte-monnaie, efforcez-vous de toujours choisir des objets en fonction de l'usage qu'en fera votre corps et de la fluidité qu'ils permettront à vos mouvements.

Et puis attention : pour vivre dans le minimalisme, les choses, si petites soient-elles, doivent être belles et fonctionnelles.

Maison et valise : l'une et l'autre sont seulement le lieu où nous enfermons ce qui nous est le plus personnel. Le contenu n'est finalement que nous-mêmes, éternels nomades.

L'essence des choses

Il faut laisser mûrir les choses pour en tirer la quintessence.

Habituez-vous à définir, décrire, voir, nommer, évaluer, éprouver... cela vous aidera à prendre conscience du superflu. Portez un regard de myope sur le grain le plus ténu des choses afin que ni leur qualité, ni leur valeur ne vous échappent. Et donc leur médiocrité et leur inutilité non plus.

Détachez-vous de leur image et recherchez ce qu'elles vous apportent vraiment.

L'essence unifie et enferme tout en elle-même : une étoile du matin au milieu de la brume, un soleil qui éclate, une théière qui ressemble à une théière, non à un éléphant, comme celle que vous aurait dessinée un enfant... Mais attention : plus les choses sont simples, plus elles doivent être de qualité.

Choisissez vos possessions, ne les subissez pas

> « Le vieux peintre Wang Fo et son disciple erraient le long des routes du royaume des Han. Ils avançaient lentement car Wang Fo s'arrêtait la nuit pour contempler les astres et le jour pour regarder les libellules. Ils étaient peu chargés car Wang Fo aimait l'image des choses et non les choses elles-mêmes ; pour lui aucun objet au monde ne valait la peine d'être possédé excepté quelques brosses, des pots de laque et d'encre, des rouleaux de soie et du papier. »
>
> Marguerite Yourcenar, *Contes d'Orient*

Appréciez le fait de posséder peu.

Personne ne pourra jamais faire siens tous les coquillages de la mer. Et que ceux-ci sont beaux lorsqu'ils sont peu nombreux !

Comment apprécier des objets en multitude, dénués d'âme et de beauté, « morts » ?

Les Japonais sont nos maîtres à ce propos, car depuis des temps très anciens, ils se sont toujours appliqués à ne s'entourer que de choses petites, sans ostentation, des choses s'adressant à leur possesseur et non à toute une assemblée ; ainsi se crée une réduction de la distance psychique entre elles et leur propriétaire. Chaque objet est bien fait, esthétique, utile, léger, compact, pliable, mobile, et avec le pouvoir de disparaître, avant et après usage, dans un sac, une poche, ou impeccablement replié dans un carré de soie. Les choses sont appréciées pendant l'usage qui leur est réservé, et respectées autant que des objets sacrés. L'éducation donnée sur ce point aux enfants est très stricte.

Alors, pour mieux vieillir, c'est-à-dire aller en s'allégeant, peut-être pourrions-nous nous inspirer de ce peuple et de ses coutumes et opter pour un style de vie orienté vers le strict nécessaire, ce qui n'exclut pas le confort et le raffinement.

L'invasion universelle de la technologie amoindrit la vie de l'esprit. Nous nous contentons de médiocrité. Si nos besoins vitaux correspondaient à nos désirs profonds, nous ne nous entourerions que de qualité.

Apprenez à vous connaître, à préciser vos goûts et leurs opposés. Quand vous voyez le jardin de vos rêves, demandez-vous comment il est exactement. S'il est vert et « propre », n'allez pas y ajouter un parterre de tulipes jaunes par-ci et des géraniums roses par-là. Un jardin composé uniquement de feuillages variés apporte le repos visuel. Les parterres répétitifs de bacs fleuris sont une insulte à la nature. La cohabitation de trop de variétés en un espace aussi réduit que cour ou jardin devient artificielle et encombrante.

Nos possessions matérielles ne devraient être que celles qui servent notre corps et qui nourrissent notre âme. Quant à l'esprit, les sens et l'intuition suffisent. Faites des choix exigeants. Il en résultera une qualité de vie supérieure. Tout d'abord, partez à la recherche de ce qui vous convient parfaitement et de ce que vous aimez par-dessus tout (vêtements, mobilier, voiture...), et souciez-vous des emballages et des étiquettes après.

Entraînez-vous à évaluer ce que vous voyez. Une sensation de paix grandira en vous au fur et à mesure que les différents éléments qui composent votre monde matériel deviendront proches de vos besoins réels et de vos goûts les plus personnels.

N'acceptez dans votre univers que ce qui satisfait vos sens

> « Prenez le temps de savoir ce que vous aimez, de façon à savoir aimer comment vivre. »
>
> Sarah Breathach

Les pensées comptent mais les choses aussi. La plupart des gens ne savent pas exactement ce qu'ils aiment vraiment ou ce qui convient à leur style de vie.

Les objets sont les récipients de nos émotions et devraient donc nous apporter autant de plaisir que d'utilité. Faites un tri et rejetez tout ce qui est laid, déplacé : ces objets envoient des ondes négatives et affectent notre bien-être autant que la pollution sonore ou une mauvaise nourriture.

Vivre en permanence avec des objets qui ne nous plaisent pas vraiment rend apathique, triste ; quand ces objets nous irritent (consciemment ou non) ils provoquent des sécrétions toxiques du système hormonal. Combien de fois dit-on : « Ah ! ça m'empoisonne, ça m'énerve, ça me tue... »

En revanche un objet parfait apporte un réconfort, une sécurité et une paix irremplaçables.

Promettez-vous de ne garder que ce que vous adorez. Le reste n'a pas de sens. Ne laissez ni la médiocrité ni le passé envahir votre univers. Possédez peu, mais le meilleur de tout. Ne vous contentez pas d'un bon fauteuil, mais achetez le plus beau, le plus léger, le plus « ergonomique » et le plus confortable.

N'hésitez pas à vous débarrasser de l'à-peu-près et à le remplacer par des choses parfaites, même si cela vous occasionne des frais que beaucoup de gens qualifieraient de gaspillage. Le minimalisme coûte cher, mais c'est à ce prix que vous arriverez à vous contenter d'un strict minimum. C'est en faisant des erreurs de choix que l'on parvient à découvrir ce qui nous convient exactement. Et ce sont ces erreurs nos maîtres !

Choisissez des choses utiles, solides, ergonomiques et multifonctionnelles

« Ce qui fonctionne bien est agréable à voir. »
Franck Lloyd Wright

La simplicité, c'est l'union parfaite de ce qui est beau avec ce qui est pratique et approprié. Rien ne doit être superflu.

Ne possédez qu'une somme infime d'objets, artisanaux ou de série, mais veillez à ce qu'ils soient sélectionnés pour devenir un prolongement de votre corps, comme vos serviteurs. Si une bouteille épouse bien la forme de votre main, vous l'utiliserez plus souvent que si elle oblige votre poignet à faire un effort pour la soulever et servir. La transparence du verre blanc laisse immédiatement l'œil visualiser la nature et la quantité du contenu.

C'est en utilisant un objet qu'on en découvre la valeur et la qualité. Ne cherchez d'ailleurs pas à tout prix ce qu'il y a de « mieux », mais des choses fidèles, durables et correspondant à l'emploi pour lequel elles ont été conçues. Avant de faire un achat, touchez, pesez, soupesez, ouvrez, fermez, vissez, dévissez, testez, vérifiez, demandez à voir, à entendre (le bruit d'un réveil, d'un carillon...).

Une céramique doit être légère en main ; un verre, solide. Car de même qu'un bon travailleur est robuste et en bonne santé, un objet à usage quotidien doit lui aussi être résistant, explique Yanagi Soritsu, philosophe et collectionneur d'art populaire. Les choses décorées et délicates ne sont pas pour la vie de tous les jours. Si vous avez envie de voir de la « belle » vaisselle, allez dans un restaurant chic de temps en temps, et offrez-vous des céramiques blanches et épaisses, incassables, intemporelles, s'alliant à tous les styles et rendant appétissante la nourriture. Leur élégance n'ennuie que les amateurs aux goûts singuliers. Les bols coréens Yi, si chers de nos jours, n'étaient à l'origine que les humbles bols à riz des paysans coréens. Ils n'étaient pas faits pour flatter l'œil, mais pour répondre aux nécessités du quotidien.

Les objets usuels n'admettent ni la fragilité ni la mauvaise qualité ; car usage et beauté vont de pair. Les objets non utilisables ont, sous un certain aspect, quelque chose de négatif même s'ils sont beaux.

Si l'utilisation d'un objet entraîne la peur de le casser parce qu'il est précieux, cette peur gâche le plaisir qu'on peut avoir à le posséder et à l'utiliser. Les grands maîtres zen choisissent leurs trésors parmi les objets du quotidien, des objets naturels et ordinaires. C'est là qu'ils cherchent les formes de beauté les plus inhabituelles. La vraie beauté se trouve près de nous, mais nous ne la voyons pas parce que nous cherchons toujours trop loin.

Même les objets courants, comme une théière ou un couteau, quand ils sont régulièrement utilisés et appréciés pour leur commodité, deviennent beaux. Ils enrichissent notre quotidien de petites satisfactions que nous sommes les seuls à savourer.

Essayez d'attacher plus d'importance à la beauté visuelle qu'à la beauté « idéologique » (plats signés, linge griffé...) et ne vous entourez que de choses qui correspondent aux nécessités immédiates, des choses possédant une beauté qui n'a pas été créée pour elle-même.

Optez pour la qualité de basiques qui vieillissent bien

Entourez-vous de « basiques ». Afin de libérer votre imagination, préférez des objets manufacturés selon des traditions utilisant le savoir, l'expérience et la sagesse d'artisans qui se sont transmis leurs techniques de génération en génération, plutôt que des créations d'artistes individuels ne cherchant souvent qu'à se faire une renommée et une fortune. L'achat d'un sac de qualité ou d'un collier de perles venant de chez un bon joaillier peut être qualifié de snobisme, mais il suffit de savoir comment ces pièces ont été fabriquées pour en comprendre le coût et la qualité.

Optez pour des matières nobles et fuyez le tape-à-l'œil : céramiques d'une blancheur parfaite et sereine, laques dont seuls la forme et le poli justifient le prix, bois dont le grain et la texture révèlent la beauté naturelle (laine, coton, soie...), textile, pierres...

On achète toujours une part de soi-même en faisant une acquisition.

Avec le développement de l'industrialisation, nous avons perdu la faculté de voir et de juger la qualité intrinsèque d'un objet. Si vous ne pouvez pas encore acheter le canapé de vos rêves, économisez sou à sou, jusqu'à ce que vous puissiez vous l'offrir. Mais n'achetez pas du provisoire « en attendant ». Vous risqueriez de vous y habituer... à vos frais !

Il vaut mieux avoir de merveilleuses envies que des réalités médiocres.

La qualité ne se chiffre pas. La qualité est la réponse aux besoins d'un organisme et de son environnement.

Une chose de qualité embellira toujours avec grâce et élégance. Plus un beau cuir se patine, plus il devient doux et brillant. Plus un tweed est porté, plus il se « casse » et apporte de satisfaction et de confort. Plus un bois vieillit, plus il communique de chaleur à l'œil comme au cœur. Mais plus un synthétique prend de l'âge, plus il s'enlaidit, vous irrite. Choisissez des matériaux qui vivent.

La qualité et le luxe

Trop d'objets « tuent » l'objet. L'abondance de stimulation se retourne contre l'homme qui n'est plus capable de faire travailler son imagination autour de ce qui est simple.

Harmonie des couleurs, matières nobles au quotidien (dessin naturel du bois, son grain, sa patine... et que la main de l'homme ne touche que pour la forme) offrent un repos à la fois visuel et tactile.

Quand on a goûté à la qualité, on ne s'accommode plus de la médiocrité.

Mais avec la société de consommation, les gens voient de moins en moins la qualité et ne la désirent donc pas (celle-ci se paie car elle ne peut être produite qu'en petites quantités. C'est cela, le luxe).

Un vendeur de maroquinerie de luxe me faisait remarquer que les petits riens chiffrent plus, au bout du compte, qu'un bel achat, certes au prix exorbitant, mais qui vous satisfera toute votre vie et vous apportera du plaisir chaque fois que vous le verrez.

L'art d'harmoniser

Il ne suffit pas de posséder peu de choses belles. Il faut aussi les harmoniser entre elles, les marier en un seul et même style, de façon à former un tout.

Un style reflétant votre propre personnalité sera la meilleure image de vous-même.

La simplicité, c'est aussi créer une harmonie entre très peu d'objets, les seuls et indispensables.

Apportez valeur et style à votre vie, avec économie et simplicité.

Souvent, dans le domaine esthétique comme dans bien d'autres, moins devient plus. Un objet est beau quand il est mis en valeur, c'est-à-dire quand il est isolé et en harmonie avec un tout. Un seul bouton de fleur dans un vase résume la nature entière, les saisons, la non-permanence des choses...

Une théière sans ses tasses, des tasses sans leur plateau, un plateau non assorti au style de la pièce rompent l'harmonie et la sérénité d'un moment et d'un lieu. Une grande armoire rustique de style Louis XV n'est pas à sa place dans un appartement moderne.

Entourez vos objets d'espace et de respect. Faites le meilleur usage du peu que vous avez. Ce n'est pas parce que vous possédez une pleine étagère de figurines en porcelaine que votre salon sera plus élégant ou confortable. Les objets destinés uniquement à la décoration apportent une impression statique, figée, sans vie. Le dépouillement, au contraire, appelle à l'imagination, à la créativité, au changement.

Un truc : quand tous les objets appartenant à un même ensemble sont de la même couleur, on a l'impression de posséder moins, sans compter le repos visuel et l'ordre qu'ils apportent.

La garde-robe : style et simplicité

Style et simplicité

> « Quand une femme se sent parfaitement bien habillée, elle peut oublier cet aspect d'elle-même. C'est ce qu'on appelle le charme. Et plus vous parvenez à vous oublier, plus vous avez de charme. »
>
> Scott Fitzgerald, *Tendre est la nuit*

Le style, c'est ce qui habille la pensée. Un style personnel sait dire non aux excentricités de la mode. Il marie ce que vous portez et ce que vous êtes.

La mode change. Le style reste. La mode est un spectacle, le style est le tenant de la simplicité, de la beauté et de l'élégance. La mode s'achète, le style se possède.

Le style est un don.

Plus une femme vieillit, plus elle devrait épurer son style. On peut convenir d'un style avec prestance car l'ultime valeur de la qualité, c'est la sérénité qui en découle.

L'idéal est de porter la réalité, pas le vêtement. La simplicité offre la clé à la création d'un style propre et attire. C'est aussi vrai pour une femme, une photo, un plancher luisant auprès d'un feu brûlant dans une cheminée, une table basse dépouillée à l'exception de deux ou trois bols aux formes pures. Ce qui s'applique à l'architecture et à la poésie s'applique aussi à l'habillement.

Les élégantes ne ressemblent pas à un arbre de Noël. Elles portent dans la journée de beaux ensembles bien coupés et de gracieuses robes simples pour le soir, agrémentées d'un ou deux beaux bijoux. Et elles se laissent regarder, parce qu'elles savent qu'elles en valent la peine.

Quant aux couleurs, le beige, le gris, le blanc et bien sûr le noir apportent tout...

On dit que les femmes qui portent du noir ont une vie colorée. Le grand couturier Yoji Yamamoto expliquait ainsi sa passion du noir : porter de la couleur importune les autres, dérange, est inutile. Le noir et le blanc à eux seuls offrent tout. Ils ont une beauté absolue et nous permettent d'aller à l'essentiel (couleur de la peau, des cheveux, des yeux, d'un bijou... tout ressort mieux avec du noir ou du blanc, parfois du beige ou du bleu marine). Évitez en général les tissus imprimés, fleuris, bariolés, à pois ou à rayures.

Le plus sage, pour obtenir une garde-robe variée, est de se limiter à une palette de deux ou trois tonalités et d'y ajouter, pour la fantaisie, quelques couleurs vives et franches, choisies avec prudence.

Une garde-robe sobre et classique rend aisé le choix de sa tenue dès le matin, évitant d'avoir régulièrement la corvée de trier et éliminer les vêtements non portés.

Une douzaine de tenues assorties se mariant bien entre elles suffit à convenir en toute occasion.

Un vêtement trop serré ou trop lâche n'est jamais élégant. Les femmes sont lasses de se battre pour trouver des habits qui leur vont, fatiguées de toujours devoir paraître élégantes tout en restant à l'aise et attirantes. Éliminez tout ce qui est dépareillé, trop petit, trop vieux, « trop ». Porter ce qui est défraîchi vieillit.

Faites de votre armoire un havre d'ordre et de paix ; et si vous n'avez pas à vous « habiller » pour aller travailler ou sortir, trouvez-vous deux ou trois bons jeans. Ils sont les champions du confort, du pratique et de la qualité.

Une femme bien habillée ne fait pas seulement preuve de bon goût, mais aussi d'intelligence, d'humour et d'audace.

Restez fidèle à un seul style : il est en effet facile de se perdre lorsque l'on essaie de ressembler à trop de personnes. C'est lorsque vous vous connaîtrez que vous aurez du style.

Chaque jour nous offre une série de choix qui nous aident à nous définir en tant que personne unique. Dans l'idéal, les décisions que vous prenez devraient être prises en fonction de l'image que vous avez de vous-même et de celle que vous voudriez donner aux autres. Mais dans la réalité c'est la somme de tous ces petits détails de votre quotidien qui construisent l'image que vous avez actuellement.

Le style, un style, notre style nous fait être bien dans notre peau. Souvenez-vous des moments où vous vous sentez parfaitement bien habillée, élégante et sûre de vous. Cette sensation est aussi perçue par les autres. Le choix de nos vêtements et de nos bijoux apporte de la joie et du plaisir aux autres également... Il est de notre devoir d'apporter une touche de beauté au monde dans lequel nous vivons. Chaque pièce de votre garde-robe devrait se suffire à elle-même. Créez votre propre style.

Vos vêtements parlent-ils le même langage que vous ?

Le vêtement est au corps ce que le corps est à l'esprit. Les vêtements doivent donc refléter ce que nous sommes de l'intérieur, tout en restant seyants et fonctionnels. Planifiez d'abord votre garde-robe dans votre tête. Commencez par trouver les accessoires qui correspondent à votre style (chaussures, sacs) et prenez le temps d'organiser une vraie garde-robe, la vôtre. Vos vêtements représentent ce que vous êtes, ce que vous voudriez être, votre imagination, votre détermination, votre rigueur, vos idées politiques, votre fantaisie ou votre mode de vie. Ils parlent de vous avant même que vous n'ayez commencé à ouvrir la bouche.

La vie n'est pas simple. Elle exige de nous de tenir plusieurs rôles. Qui avons-nous été aujourd'hui ?

Nos vêtements s'assimilent à nous, reçoivent l'empreinte de notre caractère. Ils engagent la conversation avec notre miroir, notre famille, notre entourage et tous les gens qui croisent notre chemin. Une garde-robe devrait refléter notre style à son essence pure.

Se sentir bien dans sa peau est lourd de signification. L'esprit du vêtement pénètre le corps. Si l'on
prenait la vie aussi simplement qu'elle se présente,
nous serions plus libres de tout excès.

Être bien habillé apporte la paix intérieure et la
considération. Quand nous habillons notre corps de
concert avec notre âme, nous ressentons immédiatement une certaine harmonie. Nos vêtements peuvent
être aussi bien des amis que des ennemis ; ils ont le
pouvoir de nous mettre en valeur, de nous protéger,
ou au contraire, de donner une fausse image de nous.
Ils ont même le pouvoir magique de changer notre
comportement.

Simplifiez votre garde-robe

Que possédez-vous ? De quoi auriez-vous besoin ?
Bien vivre nécessite simplicité, bon sens et harmonie.
La simplicité d'un vêtement est ce qui fait sa valeur.
Moins, encore une fois, entraîne plus.

Choisissez des vêtements de style classique, met-
tables huit mois de l'année et portables en ensembles
ou en séparés. Jouer sur les textures (velours, cuir,
soie, laine ou cachemire) est une solution astucieuse.

Faites un tri : ne gardez que ce que vous adorez. Il
n'est jamais trop tard pour devenir une autre.
Aujourd'hui, vous vous rapprochez d'elle d'un pas.
Débarrassez-vous de ce qui ne vous va pas, de ce qui
est vieux, de ces choses jamais portées, sans savoir
d'ailleurs pourquoi. Débarrassez-vous de faux rêves,
d'erreurs d'achat, de folies faites dans un moment de
frustration ou de faiblesse.

Trouver la tenue idéale élimine le stress permanent de ne pas être à l'aise dans ce que l'on porte. La tenue idéale vous permettra de sortir de chez vous le matin légère et de bonne humeur. Cela sera une chose de moins qui vous empoisonne l'existence.

« Peu » signifie se débarrasser des hésitations devant une armoire pleine d'« à-peu-près » et de « moins moche ». Ce qui reste après un tri est mis en valeur, plus facile à coordonner. Cela fait plus de mal de voir tous les jours une robe accrochée et détestée que de la mettre au panier une bonne fois pour toutes.

Toutes les femmes ont déjà fait des erreurs d'achat qui gâchent leur élégance.

Les vêtements mal seyants nous font manger pour compenser un malaise, et nous portons 20 % de notre garde-robe 80 % du temps. Le reste est peu flatteur, inconfortable ou défraîchi.

Ne gardez pas ce qui ne va pas maintenant. Si vous perdez 10 kilos, vous aurez certainement envie de vous refaire un nouveau look. Repensez chaque vêtement, comment l'accessoiriser (avec des collants différents, une ceinture originale ou un collier de perles).

Ne portez pas une jupe de tailleur avec un sweat, des chaussures de tennis avec un sac à main. Repensez chacune de vos activités et leurs tenues adéquates ; faites une liste de ce qui vous manque.

Ce que vous devriez avoir

La réponse : de « vrais » vêtements.
Éliminez tout ce qui change d'une saison à l'autre.

Un vêtement devrait avoir assez de qualité pour être porté, lavé des dizaines de fois sans se déformer ou boulocher.

Ayez quelques pièces maîtresses (de bons pantalons en laine fine, une veste de tweed pour l'hiver, une ou deux en lin pour l'été et les demi-saisons, un beau et bon manteau...) et des tee-shirts ou des hauts variés.

Arrangez-vous pour avoir au moins trois tenues parfaites à porter en trois occasions (week-end, sortie, travail). Si vous passez beaucoup de temps chez vous, composez votre garde-robe en conséquence.

Si vous perdiez votre valise en avion, comme cela m'est arrivé lors d'un voyage en Californie, que rachèteriez-vous ?

Vous pouvez vivre plusieurs mois avec une garde-robe ne se composant que de :
- 7 tenues d'extérieur (vestes, imper, manteau...) ;
- 7 hauts (pulls ou polos, tee-shirts, chemisiers...) ;
- 7 bas (pantalons, jeans, jupes, robes...) ;
- 7 paires de chaussures (marche, bottines, escarpins, sandales, chaussures d'intérieur et mocassins) ;
- Quelques accessoires (châle en pashmina, foulards, ceintures, chapeaux, gants...).

Sous-vêtements, linge de nuit et de toilette devraient constituer un lot à part, mais aussi étudié et pensé que le reste. À quoi bon garder des chemises de nuit difformes que l'on ne reportera plus et une réserve de collants pour six mois ? C'est dans ces petits détails que la rigueur, le bon sens et la féminité se révèlent.

Shopping, budget et entretien

> « Le grand magasin favorise la religion du corps, de la beauté, du flirt et de la mode. Les femmes s'y rendent pour passer leur temps, comme à l'église : une occupation, un endroit où elles deviennent exaltées, où elles se battent avec leur passion pour les vêtements et le budget de leurs époux, et finalement, tout le drame de l'existence, au-dessus et au-delà de la beauté. »
>
> Émile Zola, *Au Bonheur des Dames*

De bons vêtements, un maquillage soigné envoient des ondes d'énergie positive. Une femme devrait avant tout penser à sa santé, à sa beauté et à ses finances.

Ne restez pas passive. Vous pouvez changer. Vous pouvez devenir radieuse. La confiance en soi coûte un peu de temps, des soins personnels et de l'amour-propre.

Ayez un budget pour vos vêtements, comme vous en avez un pour la nourriture ou l'éducation des enfants. Ce n'est pas un luxe que d'être bien habillé. Cela fait partie d'une vie équilibrée. Le vêtement est notre enveloppe et personne ne devrait se sentir coupable de vouloir donner la meilleure apparence de lui-même. C'est aussi important que d'habiter dans un lieu respectable ou d'avoir des goûts raffinés. En fait, cela fait partie d'un tout. C'est une affaire d'équilibre.

Faites la part de ce que vous désirez et de ce dont vous avez besoin. Ensuite pensez aux prix.

Les vêtements coûteux à l'achat doivent pouvoir être portés souvent et longtemps. Plus ils sont chers, plus ils devraient être utilisés.

Choisissez plutôt des classiques, des marques qui ont fait leurs preuves, des vêtements faciles d'entretien. Les gens riches ont l'art d'investir dans du classique. Commencez par une paire de chaussures noires en cuir, portables avec tout.

Quand vous vous décidez pour une pièce, vérifiez bien avant qu'elle sera portable avec cinq autres de votre garde-robe. Suivez ce credo pour chacun de vos achats.

N'achetez jamais uniquement parce que « c'était une affaire ».

Ordonnez vos vêtements. Quand les vêtements sont correctement pliés, suspendus, aérés, protégés... ils durent plus longtemps.

Mettez les vêtements hors saison dans un endroit différent. Cela vous évitera la confusion en ouvrant votre armoire.

Respectez vos vêtements autant que votre corps. Parfumez vos placards, protégez les laines des insectes en les mettant dans un sac hermétique avec un petit morceau de savon. Investissez dans de bons cintres en bois et jetez tous ceux que vous avez récupérés au pressing ou qu'on vous a donnés avec vos achats. À eux seuls, de beaux cintres tous semblables (taille homme et taille femme mis à part) peuvent donner à votre penderie l'allure d'une boutique de luxe et vous offrir une petite satisfaction supplémentaire chaque fois que vous changez de tenue. Le tintement de leur bois s'entrechoquant me ravit.

Les sacs de voyage

> « Le voyageur pauvre est celui qui a beaucoup de
> bagages. »
>
> Proverbe anglais

Trop de sacs, ou un sac lourd, cela coûte souvent en temps et en argent (consigne, taxis, attente de la sortie des bagages après un vol, courbatures, énervement...). Une fois de plus, que ce soit chez vous ou en voyage, n'hésitez pas à faire un trou dans le manche de votre brosse à dents si cela doit vous épargner un peu de poids. Prenez pour le voyage un savon à tout faire en tube (cheveux, lessive, douche...), une huile à usages multiples (visage, ongles, cheveux, corps...), et des lingettes de dissolvant remplaçant le sac de coton et le classique flacon au risque de casse !

Trois sacs devraient suffire à vos besoins : un sac de voyage, un sac de ville et un petit sac pour les sorties. Sans oublier, bien sûr, votre précieux vanity !

Le vanity-case

Un des plaisirs du rituel beauté est l'utilisation de beaux objets : flacons, trousses, coffrets, pochettes... Le vanity ne sert pas qu'à l'occasion des voyages, mais chaque jour. Il est le principal objet des rares possessions pour faire face à l'imprévu, et le deuxième jardin secret d'une femme ainsi que son serviteur fidèle. Elle y garde ses médicaments, ses produits de beauté, ses bijoux, ses objets les plus intimes et peut à tout instant prendre la porte en trois minutes ou partir en week-end sans oublier sa crème solaire ou sa pince à épiler. C'est lui qui sera le premier ouvert dans une chambre d'hôtel ou qui vous permettra, chez vous, d'avoir une salle de bains nette et dégagée. Chercher sa brosse à dents au fond d'une valise après quinze heures de vol n'est pas très agréable ; sans compter la place que prennent dans une valise ou un sac tous ces petits flacons, sèche-cheveux, pellicules photo, chaussons d'intérieur, nécessaire à couture, à ongles... et tous les indispensables du confort.

Et puis, le vanity-case aide à ne jamais posséder plus qu'il ne peut contenir.

Le sac à main, votre univers

Chaque jour est un voyage et tout ce dont vous avez besoin est dans votre sac : clés, argent, téléphone, carnet d'adresses, maquillage, médicaments, photos...

Votre sac fait partie de vous. Il passe plus de temps contre vous que n'importe quel vêtement. Il faut donc bien le choisir.

Le contenu d'un sac en dit long sur ce qu'une femme ne montre pas : désordre, ordre, fantaisie, négligence, gourmandise, coquetterie, netteté, saleté, mensonges...

Certaines femmes se cachent derrière leur sac. Elles en font un statut social. Il est leur jardin secret. Choisissez-le bien : beau (de façon à ne pas avoir à en changer tous les matins), léger (pas plus de 1,5 kilo une fois rempli), avec des poches bien conçues (pour éviter de chercher dix minutes un kleenex ou un billet de train) et de qualité.

Acheter un bon sac à main est un investissement sage. Il vaut mieux en avoir un beau que dix qui ne feront qu'une saison et dont vous ne saurez que faire ensuite.

N'en ayez qu'un, mais sachez l'utiliser en toutes occasions et avec élégance.

Offrez-vous un sac qui, à contre-courant de notre société de consommation effrénée, vous apportera du plaisir et de l'utilité durant des années.

Le sac est votre compagnon le plus intime. Il dégage une personnalité qui va au-delà de la vôtre. Une femme porte le monde, son monde et son style de vie dans son sac. Il joue un rôle décoratif, protecteur, social, et il est psychologiquement très vaste.

Il reflète ses aspirations, ses occupations, contient ses rêves et ses secrets. Il est son seul territoire privé sur lequel les hommes n'ont jamais eu et n'auront jamais aucun droit de regard (indiscret). Il fait partie de son identité. Certes, profiter du meilleur de la vie ne se limite pas à un sac, mais cela y participe.

Dans les années 1950, la femme investissait dans un bon sac et une paire de chaussures assorties. Elle choisissait son propre modèle et ainsi se créait son propre style, le prêt-à-porter n'existant pas encore. Tout était donc fait à ses mesures et à son image.

Certes, toutes les femmes ne peuvent pas se permettre de porter de nos jours des vêtements de haute couture (pour des questions de taille et de budget), mais le sac n'a jamais nécessité une ligne parfaite pour apporter du charme avec un minimum de dépenses et il peut faire toute la différence avec une simple robe ou un ensemble de ville sobre en couleur et en style. Sa couleur peut équilibrer une silhouette.

Il existe une quantité infinie de styles de sacs aujourd'hui mais les classiques (forme Kelly, cabas...) restent, comme si leur existence était fermement ancrée dans le subconscient féminin et comme si rien ne pouvait les en chasser.

De nos jours la femme est de plus en plus en dehors de chez elle, et elle doit donc transporter plus. Elle devrait donc veiller à choisir un sac avec un revêtement intérieur solide (en moleskine, par exemple), garni de multiples poches afin de ne pas s'alourdir de charges supplémentaires telles que trousse à maquillage, étuis à lunettes, gros porte-monnaie... Tout sac intelligemment conçu comporte un compartiment individuel pour le poudrier, le portable, les lunettes, les papiers et les cartes, un crochet pour le trousseau de clés...

Si le monde échappe à notre contrôle, le sac, lui, peut nous ramener en un instant à notre univers, un lieu où tout n'est qu'ordre, luxe et volupté.

Un bon et beau sac doit (critères essentiels) :

• Être aussi beau à l'intérieur qu'à l'extérieur (voir les sacs Launer de la reine Élisabeth) ;
• Être de prix (de qualité) mais d'apparence simple (voir les sacs Cassini que portait Jackie Kennedy) ;
• Faire office d'objet de décoration et apporter une touche d'élégance sur un canapé ou à vos pieds ;

- Faire office d'accessoire de mode, au bras ou sur les genoux ;
- Être doux au toucher et ne pas écorcher la main ;
- Procurer un plaisir secret chaque fois qu'il est utilisé ;
- Se métamorphoser en images différentes mais toutes attrayantes (dans 3 ans, dans 7 ans, dans 10 ans...). Un bon sac devrait durer plusieurs décennies (bon cuir et armature de qualité). Un sac neuf n'est pas beau. Patience ;
- Être assez neutre pour s'harmoniser à toute votre garde-robe (excepté la pochette du soir portée comme un bijou) ;
- Être fabriqué dans un cuir souple (grâce à des peaux de bêtes élevées dans de bonnes conditions et bien nourries) qui se patine avec le temps (éviter les croûtes enduites) ;
- Ne pas être fragile à la pluie ;
- Avoir une bandoulière ni trop courte portée à l'épaule ni trop longue portée au bras ;
- Être conçu avec des clous à sa base pour pouvoir être posé au sol sans risque d'être taché ;
- Être « à votre taille », comme le serait un manteau ou un chapeau, afin de flatter votre silhouette. Choisissez-le donc en fonction du « tableau » que votre personne représente aux yeux du monde (les sacs trop petits vous rendent plus forte, les trop grands vous encombrent) ;
- Être sans angles durs (qui tuent féminité et douceur) ni formes trop rondes (sources de pagaille dans le sac) ;

• Ne jamais peser, plein, plus de 1,5 kilo ;

• Être agréablement rempli : ce sont les détails qui vous classent (un agenda patiné, un petit porte-monnaie, un petit mouchoir blanc immaculé monogrammé...).

2

Les avantages du minimalisme

Le temps : moins le perdre
pour davantage et mieux en profiter

Aujourd'hui est notre bien le plus précieux

> « Un seul jour vaut plus à lui seul qu'une montagne d'or. Si vous haïssez la mort, il faut aimer la vie. »
>
> Urabe Kenko, *Tsuzuregusa*

Chaque jour est la seule chose que nous possédions vraiment. Notre vie, c'est aujourd'hui. Pas hier, pas demain. Le temps est un présent sacré. Si nous ne pouvons profiter du moment présent, ce n'est pas dans un futur hypothétique que nous le ferons.

Mais ce n'est pas seulement le fait d'avoir du temps qui est important : c'est la qualité du moment.

Ne tombez pas dans le piège de penser que si vous ne faites pas à l'instant ce que vous aimeriez faire, il sera trop tard ensuite. Tout ce que vous faites mainte-

nant vous prépare à ce que vous ferez dans le futur.
Tout a un effet cumulatif.

Les gens veulent du temps puis cherchent à le tuer

> « La vie nous a donné, à tous, à un moment ou à
> un autre, des instants durant lesquels tout ce que
> nous faisions avait la transparence du cristal et
> l'azur d'un ciel sans nuages. »
>
> Anne Murray Lindenberg

Si parfois vous vous sentez désœuvrée, avec trop de
temps devant vous, essayez de comprendre exactement ce qui se passe en vous et cherchez à identifier
vos réactions. Ce sera là le premier pas pour dépasser
ce stade.

Nous nous plaignons souvent de gaspiller notre
temps, de le perdre, de ne pas en avoir assez... Une
personne devrait pouvoir rester deux ou trois heures à
attendre un train, seule, sans rien faire, sans même
lire et pourtant ne pas s'ennuyer. La vie est beaucoup
plus agréable une fois que l'on a développé l'habitude
de se perdre dans ses pensées, don précieux qui
apporte une joie extraordinaire. Nous passons trop de
notre temps à regretter le passé, à rester figés dans le
présent ou à nous inquiéter pour le futur. Nous
gâchons tant de temps...

Une des façons les plus efficaces de profiter de
chaque instant est de se prendre en charge. Essayez de
faire autant que possible par vous-même. Les gens
sont souvent tristes ou déprimés parce qu'ils n'ont
rien à faire. Chaque matin, pensez à remercier cette
journée qui commence. Il importe peu qu'elle soit

belle ou non. Ce qui compte, c'est ce que vous en ferez.

Faites une pause

> « Il n'est jamais trop tard pour RIEN faire. »
> Confucius

Prenez des vacances. Organisez-vous des week-ends de trois jours. Sauvez-vous dans un endroit tranquille, loin des médias, de l'agitation et de toute autre préoccupation potentielle. Cherchez un hébergement où les repas sont inclus et propice à la retraite contemplative.

Renseignez-vous et rassemblez des informations sur plusieurs types d'endroits pouvant convenir à vos humeurs du moment. Juste pour le jour où, fatiguée, vous n'aurez plus l'énergie pour vous décider alors qu'un voyage vous ferait du bien.

Quand vous partez ainsi, emportez peu : trop de bagages ruineraient la simplicité de l'expédition et de la chambre. Une tenue de rechange, une brosse à dents, un stylo et un carnet suffisent. Ne vous créez pas de préoccupations matérielles. La plupart du temps, nous sommes trop préoccupés et absorbés par nos possessions matérielles. Loin d'elles aussi, il faut prendre des vacances...

Vous pourriez aussi, quelquefois, vous lever un peu plus tôt, prendre le petit déjeuner dans un café agréable ou préparer un pique-nique pour aller admirer un coucher de soleil.

« Changer de vitesse » de temps à autre aide à ne pas se laisser enfoncer dans la routine, à vivre chaque moment de façon plus intense.

En simplifiant sa vie, on obtient plus d'énergie : ainsi, il est possible de mieux faire face aux personnes et aux situations. Avec peu, le moment présent est intense ; nous apprécions ce qui nous entoure : moins à faire, plus de temps pour penser, rêver ou paresser. Apprenez à rester une journée entière chez vous à lire des poèmes, cuisiner, faire brûler de l'encens, boire un verre de bon vin et regarder la lune. Simplifiez vos tâches domestiques et développez votre créativité, cultivez votre corps et entretenez vos facultés mentales.

Les délices de la paresse

> « Je bois mon thé, je mange mon riz. Je passe le temps comme il vient, admirant le torrent qui coule plus bas et regardant là-haut les montagnes. Ah que de liberté, que de paix ! »
>
> Un taoïste

La paresse devrait être un luxe, non une forme d'inertie. Elle devrait s'apprécier, se déguster, être acceptée comme un cadeau du ciel, un peu comme un moment volé.

Avec peu de possessions et de l'organisation, cette paresse devient un privilège. Il y a trop de choses dont nous devons prendre soin. Apprenons donc à redécouvrir une disponibilité substituée au temps que nous consacrons aux objets.

Trop de gens sont entraînés par des passions qui sont en fait une forme de passivité. Ils cherchent à se fuir eux-mêmes. Mais la plus haute forme d'activité est lorsqu'une personne se « pose » pour contempler ses expériences et son entité.

Cette forme d'activité n'est cependant réalisable qu'en vivant dans des conditions de liberté intérieure et d'indépendance.

Vivez en tenant vos sens en éveil

> « Quand, d'aventure, l'envie m'en prend, je vais puiser l'eau limpide de la rivière et je prépare mon repas. L'eau qui coule, goutte à goutte, me ravit et, en face de mon simple bûcher, je me sens d'une humeur excellente. »
>
> Bashô, *Journaux de voyage*

Apprendre à vivre avec toute sa clarté d'esprit est la base du bouddhisme, du taoïsme, du yoga ; ces philosophies apparaissent dans les œuvres de nombreux penseurs ou artistes tels qu'Emerson, Thoreau, Whiteman, les Indiens Navajos d'Amérique...

Une telle attitude ouvre les portes à d'immenses réserves de créativité, d'intelligence, de détermination et de sagesse. Vivre pleinement suppose le plein éveil d'un esprit toujours libre et ouvert.

Dans le zen, il est vital de ne faire qu'un avec la moindre tâche. Il faut se concentrer sur tout ce que l'on fait, que ce soit écouter de la musique, lire ou regarder un paysage. Quand on vit dans le moment présent, on ne ressent pas de fatigue : la plupart du temps, les gens sont plus accablés par l'idée de ce qu'ils ont à faire que par ce qu'ils font en réalité. C'est pour cela que les paresseux sont souvent déprimés. Il est aujourd'hui prouvé que l'inactivité ralentit le métabolisme et entraîne une chute de tension.

Puisque de toute façon il faut vivre, et vivre avec décence, autant accomplir ces gestes sans se poser de questions.

Faites de vos tâches répétitives des exercices de concentration

Ce n'est pas le futur qu'il faut redouter, mais l'instant qu'on laisse fuir dans le présent.

Il suffit pour cela de développer sa faculté d'attention et de rejeter toute pensée parasite. L'activité du moment doit être la seule qui compte. Agissez lentement en vous concentrant sur « ici » et « maintenant ». Être capable de changer la qualité d'un moment est un des dons les plus précieux. De même que chacune de nos cellules contient les gènes de toutes les autres, un moment est le reflet de tous les autres moments.

Soyez toujours prête à faire face aux imprévus

Dans les temples zen, les bonzes se rassemblent chaque soir pour discuter des repas du lendemain. Selon eux, tout doit être pensé à l'avance, même si ce que nous faisons dans le moment présent se doit de rester un but.

On se sent tellement plus serein quand on est préparé à tout ce qui est susceptible de nous arriver : la visite inattendue d'un ami, une pluie soudaine, une urgence ou une invitation de dernière minute ! C'est le meilleur moyen de vivre pleinement l'instant présent.

On m'a conté l'histoire de cette Japonaise atteinte d'une maladie l'appelant à tout instant à être hospitalisée. Cette femme, pendant vingt ans, avait chaque soir préparé son départ, n'allant se coucher que quand les repas du lendemain étaient préparés, le linge repassé et rangé, le ménage fait et son petit sac de voyage sagement placé dans l'entrée. Elle voulait avant tout que son départ ne cause aucun souci à sa famille : c'était sa façon d'accepter son sort avec autant de sérénité qu'il lui était possible.

Rendez sacrés les actes les plus simples et enrichissez votre vie de rituels

> « Un rituel, c'est ce qui rend un jour différent des autres jours, une heure différente des autres heures. »
>
> Saint-Exupéry

On peut élever au sacré des actions aussi simples que manger, converser ou entretenir sa maison.

Faites un rituel de votre première gorgée de café le matin, du moment de votre maquillage, d'un après-midi « lèche-vitrines », de l'achat d'un objet longuement convoité, de l'attente des pas dans l'escalier des personnes aimées, des rêveries un dimanche de pluie, d'une soirée vidéo avec un bol de grenades égrenées, d'un lundi matin où se prendront de nouvelles résolutions.

Imaginez que vous vivez comme Grace Kelly dans un film où tout se déroule avec naturel, et pour qui le monde semblait s'arrêter au moment où, nonchalamment, elle sortait un négligé vaporeux de sa mallette de nuit.

Quels sont vos rituels ? Que vous apportent-ils ?

Montaigne disait qu'une vie pleinement vécue dans le moment présent est enrichie et nourrie de rituels. Ils apportent un réconfort quand on ploie sous le joug des pressions et des exigences du quotidien.

Vivre est fondamentalement une affaire de conscience. Il ne tient qu'à nous d'améliorer notre environnement et de personnaliser les détails accompagnant nos rituels.

Savoir bien vivre est une habitude, et les rituels y aident. Quand nous leur accordons signification et charme, ils enrichissent toutes sortes d'autres sphères, apportant satisfaction, mystère, paix et ordre.

Ils rendent sacré le quotidien et donnent une autre dimension à notre univers.

Ne vous sentez pas coupable de ne pas respecter certains rituels : s'ils ne vous manquent pas lorsqu'ils sont négligés, c'est qu'ils ne contribuaient pas autant que vous le pensiez à votre bonheur.

Un rituel ne devrait apporter que de la satisfaction. S'il en est ainsi, il doit être respecté et accompli avec autant de zèle et d'entrain que possible.

Quelques propositions de rituels

LE RITUEL DE L'ÉCRITURE

> « J'ai mes rituels, un scénario très méticuleux, mes stylos, un papier spécial, une heure précise de la journée, un arrangement strict des choses autour de moi, mon café à la bonne température... »
>
> Dominique Rolin

L'acte d'écrire peut être magnifié par la disposition des lieux, la qualité du papier et de l'encre qui s'y prête, la présentation et le format des notes, le confort du fauteuil ou la pénombre enveloppant le bureau éclairé.

LE RITUEL DE L'« ORGANISEUR »

L'article indispensable, essentiellement personnel et le plus pratique est un agenda taille « bible » du type Filofax. Plus de mémentos dispersés, de factures égarées, de recettes de cuisine au fond d'un tiroir. C'est à lui que vous confierez vos citations préférées, notes de lecture, cartes, reçus et idées les plus excentriques. L'agenda organise tous les détails d'une vie et reste, de par sa structure, flexible et renouvelable. Plus de contraintes, plus de spirales, plus de feuilles volantes ni de carnets qui traînent à côté du téléphone. Sa taille lui permet de ne pas rester inaperçu et pourtant de se glisser dans un sac quand vous sortez. Il symbolise la quintessence de l'organisation.

LE RITUEL DU BAIN

Concentrez votre choix sur un minimum de produits de la meilleure qualité pour votre visage, vos cheveux et votre bain. Tout ce dont vous avez besoin devrait être prêt avant que vous n'entriez dans l'eau : de la musique, une bougie, un verre d'eau gazeuse, les vêtements à porter en sortant de la douche, et même un bijou. Laissez la salle de bains impeccable en la quittant, pour avoir une sensation de propreté totale.

LE RITUEL DES COURSES

Lorsque vous partez faire vos courses, ayez l'esprit d'un chasseur à la recherche du meilleur : fraîcheur et qualité des aliments sont deux conditions indispensables à votre plaisir et à votre santé. Faire les courses est une activité qui nécessite imagination, bon sens et enthousiasme. Mettez toutes les chances de votre côté en emportant un beau et bon panier, un porte-monnaie réservé aux dépenses domestiques, et votre liste. Découvrir de bons produits non traités, des fruits savoureux, du « vrai » pain, des commerçants intègres, demande du temps et de la persévérance.

LE RITUEL DES FLEURS

Le pouvoir des fleurs... Offrez-vous une fois par semaine quelques fleurs, pour apporter de la gaieté à votre intérieur et à votre moral, même si cela ne se concrétise que par une rose sur votre table de nuit ou un bouquet de boutons d'or dans la salle de bains. Les fleurs apportent de la fraîcheur et, dit-on, aident à faire baisser le taux d'adrénaline dans les moments de stress. Tout comme les fruits et l'air frais, elles sont indispensables à notre bien-être.

Chaque chose en son temps

> « Offrez-moi une seule mais très belle flûte à champagne, en Baccarat ou en Lalique, pour mes anniversaires. Je ne veux ni posséder les choses, ni en être responsable. Je veux seulement qu'elles soient là quand j'ai besoin d'elles. Contentez-vous de choisir un beau compagnon de perles pour votre cou, et dites à vos amis que vous ne voulez pas de cadeaux qui durent plus longtemps qu'une bouteille de Taittinger ou qu'un bouquet de roses mauves. Je ne veux pas de choses, je veux des moments. »
>
> Une actrice américaine

Faites une promenade d'une demi-heure chaque jour.

Faites la sieste quand vous le pouvez, même cinq minutes à votre bureau.

Regardez l'album de vos photos préférées. Votre vie s'y déroule et il vous révèle les éléments dont vous êtes composée, les gens et les lieux qui vous ont façonnée, changée, aimée. Regarder des photos, c'est redevenir soi-même.

Consacrez quinze minutes de votre journée à un projet qui vous est cher (lire un auteur, préparer un voyage, faire un arbre généalogique...).

Ne faites qu'une chose à la fois.

Apprenez à dire non avec grâce et fermeté.

Répondez au téléphone lentement.

Vivez à un rythme plus lent et en travaillant moins,

en refusant les heures supplémentaires ou en prenant un travail à mi-temps si vous le pouvez.

Évitez la routine (si vous buvez du café, prenez du thé, variez le trajet de votre travail à votre domicile...).

Possédez peu.

Répartissez vos tâches ménagères selon un calendrier.

Groupez vos achats sur une semaine.

Gardez le dessus de votre bureau dégagé de toute paperasserie à l'exception des affaires à régler dans l'immédiat. La présence permanente d'une pile de documents vous rappelant constamment ce que vous avez à faire engendre stress et confusion.

Répondez rapidement à votre courrier et ne laissez aucune tâche inachevée.

L'argent, notre serviteur et non notre maître

L'argent, c'est de l'énergie

> « Créer afin d'économiser est le fuel de la magnificence. »
>
> Emerson

Nos vies sont compliquées parce que nous n'accordons pas à l'argent l'importance qu'il convient. Nous devrions nous attacher à comprendre son influence sur chacun des aspects de notre existence. Pensez au rapport de l'argent avec la nature, les idées, le plaisir, le respect de soi, l'habitat, l'environnement, les amis, la société... L'argent a un rapport avec tout.

L'argent est une force : une force qui construit notre vie, que nous le voulions ou non. Quand le sang circule bien dans notre corps, cela veut dire que nous sommes en bonne santé. Quand l'argent circule librement dans notre vie, c'est que nous sommes économiquement sains.

Bien sûr, quand on est obligé de sans cesse compter parce que l'on gagne mal sa vie, c'est plus difficile. Mais savons-nous employer notre argent à bon escient ? Par exemple, n'acheter que quelques légumes frais, un peu de viande ou de poisson au lieu des produits alimentaires fabriqués industriellement satisfait autant le palais et la santé que le porte-monnaie.

L'argent est une énergie que nous laissons malheureusement fuir à cause du manque de lucidité causé par le mauvais contrôle de nos impulsions.

Chacun d'entre nous est le seul à pouvoir dire ce que l'argent représente à ses yeux. C'est de notre énergie dont il est question. Et se contenter de peu est un des meilleurs moyens de préserver cette énergie. Si nous dépensons notre argent pour des choses qui n'ont pas de valeur à nos yeux, nous perdons de notre énergie.

Faites de l'argent votre esclave

> « Quand l'argent est en abondance, c'est que l'on est dans un monde d'hommes. Quand il est rare, c'est un monde de femmes. Quand tout a échoué, alors intervient l'instinct féminin. C'est la femme qui trouve un travail. Et c'est la raison pour laquelle, en dépit de tout ce qui peut arriver, nous continuons à avoir un monde. »
>
> *Le Journal de la Maison pour les Dames*, octobre 1932

Vous êtes-vous déjà amusée à calculer combien d'argent était passé entre vos mains depuis le jour où vous avez reçu une piécette pour la perte de votre première dent ? Et combien vous avez aujourd'hui ?

Nous gaspillons trop en choses inutiles et en plaisirs à court terme. Ce ne sont pas les gros investissements de raison qui nous démunissent, mais toutes ces petites choses aujourd'hui oubliées. Gaspiller, c'est sortir d'un restaurant la panse trop pleine, fatiguée, et ne digérant pas l'addition disproportionnée par rapport au plaisir reçu. Gaspiller, c'est penser avoir fait une affaire et le regretter, acheter un pullover à bas prix qui déteint ou rétrécit au premier lavage, ou un matelas de mauvaise qualité qui vous abîme le dos.

En revanche, économiser et éviter les dépenses excédant nos mesures est un choix positif, car il apporte la sécurité. Chacune d'entre nous devrait avoir son plan « sécurité-sérénité-épargne ». Réduire ses besoins au strict nécessaire est la façon la plus sûre d'y parvenir.

On peut diviser son argent en deux parts : la première pour un style de vie frugal, l'autre – l'excédent, quand on en a – pour des « fantaisies de riches ».

Il faudrait économiser pour pouvoir moins travailler, et non pour dépenser. En ayant quelques économies on est positif et on vit plus heureux, parce que moins angoissé par le futur.

Faites de l'argent votre esclave, non votre maître. Ne soyez jamais dépendante d'autrui financièrement, et n'entrez pas dans le cercle vicieux des emprunts et des dettes. Ne dépensez jamais plus que ce que vous gagnez et investissez un peu chaque mois. Cela semble simple, mais alors pourquoi y a-t-il tant de gens endettés, vivant au-dessus de leurs moyens, et amers?

Le prix du désordre

Le prix payé pour le désordre est une vie de surcharge en choses qui ne nous manqueraient pas si nous ne les avions pas : des choses qu'on avait oubliées jusqu'au moment où elles ressortent du fond d'un placard, d'une caisse du grenier ou bien qui côtoient ce qu'on utilise, mais qui gênent.

Beaucoup de choses ne valent pas la peine d'être gardées. Payer des assurances pour une maison remplie de superflu, passer son temps à décaper, dérouiller, dépoussiérer pour le plaisir de « ressusciter » des objets du passé sont des gaspillages de temps et d'énergie. Il y a tant de moyens plus enrichissants de vivre, comme les voyages, la lecture, l'apprentissage d'une discipline, la culture physique, la marche, la cuisine ou tout simplement le repos et la contemplation d'un paysage.

Et puis, le désordre fait qu'on possède souvent deux fois les mêmes choses et que l'on s'encombre de manière stupide.

L'éducation et la morale sont tombées si bas dans nos sociétés qu'ils encouragent l'appât du gain et la soif de possessions avec la plus cynique hypocrisie. Les modes (habillement, loisirs, nourriture...) nous aveuglent et nous rendent esclaves. Peu de gens comprennent la valeur de l'argent et le considèrent avec assez de sérieux. Celui-ci devrait en priorité être utilisé comme un lubrifiant dans les rouages de la vie.

L'un des idéaux du zen a toujours été de porter autour du cou toutes ses possessions (une tenue de rechange, un bol, une paire de baguettes, un rasoir et un coupe-ongles) contenues dans une boîte. La modicité de ce menu bagage est la façon silencieuse des moines bouddhistes de contester l'état de la société actuelle. Chercher à s'en approcher est une réponse positive à l'insatisfaction profonde qu'engendre la société de consommation.

Économisez, réfrénez vos désirs et faites état de vos besoins

Il y a une chose que tout le monde tient à conserver le plus longtemps possible : la santé. Nous pouvons tous obtenir une meilleure forme en mangeant mieux et moins, en respectant les conseils de la médecine préventive, en nous efforçant de raisonner de manière positive, et en nous prenant réellement en charge.

Nous devrions appliquer les mêmes principes à nos possessions : appareils ménagers, vêtements, objets... Nous vivons tant dans l'excès que nous n'imaginons pas que cela pourrait un jour changer. N'ayant jamais connu la faim ou le manque, nous croyons que l'abondance est intarissable...

Tenez vos comptes, simplifiez-les, contrôlez votre vie

Gardez trace de toutes vos recettes et dépenses. Cela vous aidera à faire plus d'économies, à mieux gérer vos finances, et à simplifier votre vie. La plupart des problèmes de gestion proviennent d'habitudes de dépenses non réfléchies plutôt que d'envies non contrôlées. Par exemple, essayez de calculer ce que vous coûte votre gourmandise, les produits de régime pour reperdre les kilos qu'elle vous a fait prendre, les notes de frais chez le dentiste, les nettoyages de peau parce que vous avez le teint gris... Entraînez-vous à toujours savoir exactement ce que vous avez et ce que vous pouvez dépenser. Vous saurez repousser la date de l'achat du manteau qui vous tente mais qui est trop cher pour vous actuellement. Noter toutes vos dépenses vous aidera à ne pas dilapider sans réflexion le fruit de votre travail.

Thoreau, le philosophe américain, se réjouissait de pouvoir compter sur les doigts de sa main ses opérations financières.

Ne gardez qu'un compte en banque et une ou deux cartes de crédit.

Deux fois par mois, installez-vous au calme, avec un bon café, de la musique à votre table de cuisine, et faites vos comptes. Réglez les factures comme s'il s'agissait d'un rituel, avec sérénité et sans vous dire que c'est une corvée. Réalisez que vous avez le contrôle de votre situation financière.

Sauf pour les très grosses acquisitions, comme un appartement ou une maison, évitez autant que possible emprunts et achats à tempérament. Votre carte de crédit ne devrait vous servir que dans les cas d'urgence : dès que vous l'utilisez, vous dépensez plus. Les opérations bancaires sont, elles aussi, une forme de commerce.

3

Éthique et esthétique

Le besoin de beauté

Dépouillement et beauté (la cérémonie du thé)

> « La philosophie du thé n'est pas une simple esthétique dans l'acception ordinaire du terme, car elle nous aide à exprimer, conjointement avec l'éthique et avec la religion, notre conception intégrale de l'homme et de la nature. C'est une hygiène car elle oblige à la propreté ; c'est une économie, car elle démontre que le bien-être réside beaucoup plus dans la simplicité que dans la complexité et la dépense. C'est une géométrie morale, car elle définit le sens de notre proportion par rapport à l'univers. »
>
> Kakuzo Okakura, *Le Livre du thé*

La base des idéaux esthétiques orientaux vient du taoïsme. Mais c'est le zen qui les a rendus applicables à la vie pratique. *Le Livre du thé* d'Okakura fait de ses adeptes des aristocrates du goût. La cérémonie du thé est un rite comprenant des valeurs esthétiques et philosophiques incluant la discipline et les relations sociales. Ce « thé » spirituel est réduit, simplifié, empaqueté en un ensemble de règles rigides qui mettent en valeur les principes de la pureté et de la sérénité. Elles nous mènent à des sommets, de l'apprentissage qu'elles nous donnent des choses à celui de l'esprit. Matière et esprit deviennent un, ce dont découle l'embellissement.

L'art est dans tout : dans les gestes, les objets, la tenue, la manière de se comporter... Nombreux sont ceux qui collectionnent les objets, mais rares ceux qui cultivent leur esprit. Avec peu, nous nous associons plus fortement aux objets à travers lesquels nous nous purifions. La pratique de cette cérémonie, c'est notre vie quotidienne.

Le thé est préparé avec un minimum d'ustensiles et de mouvements, selon de strictes règles. Une fois que ces règles sont acquises et appliquées, il est alors possible de transcender les formes et d'accéder à de plus hautes sphères de conscience.

La cérémonie du thé est un exemple vivant du minimalisme en tant qu'éthique : elle est une recherche de la beauté et une longue observation de la manière d'aboutir à un résultat avec autant de grâce et d'économie de travail que possible. Pour les Japonais, l'appréciation de la beauté est une activité sacrée, presque religieuse. Comme ce bonze assis en lotus, immobile tant que le bâtonnet d'encens brûle encore, dans un décor de statues dorées et de bougies, et qui élève son âme vers un monde de sérénité et de beauté. Il vit comme un spartiate, mais dans un univers de bois sculptés et de cadres laqués.

Le dépouillement et la beauté d'endroits tels que le jardin Zen de Kyoto, le Ryoenji ou les merveilleux sanctuaires coréens encore ignorés des touristes nous renvoient à l'infini de notre être.

Le concept esthétique du wabi sabi

> « Nulle couleur ne venait troubler la tonalité de la pièce, nul bruit ne détournait le rythme des choses, nul geste ne gênait l'harmonie, nul mot ne rompait l'unité des alentours, tous les mouvements s'accomplissaient simplement et naturellement... tels étaient les buts de la cérémonie du thé...
>
> Tout est de tonalité sobre, du sol au plafond : les invités eux-mêmes ont soigneusement choisi des vêtements de couleurs discrètes. La patine du temps est sur tous les objets, car rien de ce qui pourrait faire songer à une acquisition récente n'est admis ici, à l'exception de la longue cuillère de bambou et de la serviette de toile qui doivent être d'une blancheur immaculée et neuves. »
>
> Okakura

Ce mouvement s'appuyait sur un ensemble de valeurs esthétiques positives vécues à travers le choix d'un individu s'étant totalement isolé du monde : il pouvait alors mieux apprécier les menus détails de la vie quotidienne sous tous ses aspects. Il conceptualisait le fait que ce que l'Univers détruit, il le construit aussi, une beauté moindre et cachée de ces choses incomplètes et imparfaites.

Les matériaux employés par les connaisseurs du *wabi sabi* conduisent à la quintessence de la transcendance ; le papier de riz permettant les lumières diffuses, les craquelures d'une boue sèche, la rouille et la patine du métal, les racines noueuses des arbres, la paille, des roches recouvertes de lichen...

Le concept japonais du *wabi sabi*, fondé au XIVe siècle, représente une forme idéalisée et pure aux limites du dénuement.

Comme pour l'homéopathie, l'essence du *wabi sabi* est dispensée en petites doses : plus elles sont minimes, plus les effets sont profonds.

Dans le shintoïsme, l'importance donnée à un mode de vie frugal a fortement contribué à l'application d'un système esthétique utilisant l'espace et les matériaux les plus humbles avec autant d'efficacité que possible.

Les irrégularités du hasard étaient naturellement de bon goût : les nœuds du bois, les motifs accidentels survenus lors de la cuisson d'une céramique, l'érosion d'un rocher...

Le zen nous met en garde contre les objets d'art et contre l'empreinte signée d'un artiste sur une œuvre. Il demande à l'Homme de n'être ni le maître ni le sujet des choses et des autres, de ne pas devenir l'esclave de lui-même, de ses émotions, de ses principes ni de ses désirs. La beauté, selon le zen, est un état de non-préoccupation, une liberté à l'égard de tout. Une fois que cet état est atteint, tout est beau. C'est un état d'esprit, l'acceptation de l'inévitable, l'appréciation de l'ordre cosmique, de la pauvreté matérielle et de la richesse spirituelle.

La beauté est nécessaire

> « Et si, pour toute richesse,
> Il ne te reste que deux pains,
> Vends-en un, et avec ces quelques deniers
> Offre-toi des jacinthes pour nourrir ton âme ! »
>
> Poème persan

Les Japonais ont toujours vécu dans le minimalisme, mais un minimalisme inséparable de la beauté. Il y a cent ans, même les foyers les plus humbles étaient d'une propreté exemplaire et chacun connaissait l'art de composer des poèmes, d'arranger les bouquets et de servir les repas avec la délicatesse et le goût les plus raffinés.

Le zen n'est pas seulement une religion ; c'est d'abord une éthique. Et cela pourrait aussi devenir un modèle pour tous ceux qui ont choisi le minimalisme.

Nous avons tous besoin d'ordre au plus profond de nous. Et le zen nous libère de toute forme de confusion, même celle qui est matérielle ou physique. Il nous enseigne que plus on devient simple, plus on devient fort.

Écouter de la musique, toucher une matière douce, apprécier le parfum d'une rose... tout cela nous attire naturellement, et nous apporte énergie et plaisir.

La beauté, sous toutes ses formes, est indispensable au bonheur et nous, humains, nous avons besoin d'un peu plus que ce que la raison nous réclame. Notre âme a autant besoin de beauté que notre corps d'air, d'eau et de nourriture. Sans beauté, nous devenons tristes, déprimés, quelquefois même fous.

La beauté invite à la contemplation. Elle absorbe

complètement. Shakespeare, Bach, Ozu... nous mettent directement en contact avec la vie.

Esthétique et éthique sont liés. Les Japonais ont choisi la beauté pour préserver leur amour de la vie.

Le vrai luxe est celui dans lequel on s'installe, comme naturellement, presque sans le voir : de bons fauteuils à l'odeur de cuir, un plaid en cachemire, des verres à eau en cristal, une nappe en lin blanc, de simples assiettes en porcelaine blanche qui gardent la chaleur, d'épaisses serviettes en coton égyptien, une pièce dénuée de bibelots mais offrant un feu de bois en hiver, un bouquet de fleurs discret, des légumes de saison provenant d'un jardin avoisinant...

Le faux luxe est celui qu'on « achète » en voulant reproduire un intérieur vu dans un magazine à la mode, en se meublant high tech sans prendre en compte le confort, en cuisinant des ingrédients selon son imagination mais parfaitement indigestes, en allant passer ses vacances dans les endroits « branchés » et surpeuplés tout en avalant des tranquillisants pour récupérer de sa fatigue.

Vivez dans l'élégance et la perfection

> « Il pratiquait des austérités que personne ne remarquait. Mais son long entraînement aux devoirs stoïques ne l'avait pas raidi comme un vieux sage... Son goût était exquis en tout, y compris les personnes, les choses et ses façons de parler. »
>
> Marguerite Yourcenar, *Mémoires d'Hadrien*

Tout faire avec style rend la vie infiniment plus riche. Le style, c'est se brosser les cheveux avant de prendre son petit déjeuner. C'est mettre un peu de musique douce pendant les repas. C'est éviter le plastique et le vinyle dans son environnement autant que possible. C'est utiliser son argenterie tous les jours et pas seulement quand on reçoit.

Pendant la grande période de dépression des années 1930 aux États-Unis, l'argent avait moins d'importance que le style. Comme pratiquement toutes les familles étaient démunies, ce n'était plus l'argent qui marquait les différences entre chaque foyer, mais la manière de parler, l'éducation, l'usage de la langue anglaise, les valeurs morales et le goût pour les choses de qualité. Chacun utilisait pour la vie de chaque jour ce qu'il avait de plus beau et mettait sur sa table un bouquet pour les repas. On peut toujours essayer d'apporter un peu plus de perfection dans sa vie. Les détails ont une énorme importance. Quand ils sont parfaits, ils nous équilibrent. Ils nous permettent de passer à des choses de plus grande envergure. Mais quand ils sont négligés, ils sont comme de petites bêtes qui nous irritent.

Le style et la beauté nous aident à nous surpasser.

Au Japon, la beauté plastique de l'attitude exprime un état d'équilibre parfait entre l'intention et l'effort. Maniement des baguettes, position assise sur les tatamis... sont à rattacher à cet ascétisme pratiqué avec grâce et rigueur.

« Moins pour plus » d'ordre et de propreté

Propreté et éthique

> « Propreté impeccable, ordre parfait, une cuisine
> sans la moindre tache et qui sentait bon... la
> domestique retirait de son travail de la satis-
> faction, de la fierté et un but en soi ; en somme,
> toute la tranquillité d'une vie. »
>
> G. Gissing, *Les Papiers d'Henri Rye*

La cérémonie du thé était, à l'origine, une série de
pratiques simples mais austères visant à développer le
sens de la discipline et de la précision, ainsi qu'à
remettre de l'ordre dans les esprits. Il suffit de regarder le visage d'un bonze zen de 90 ans pour
comprendre les bénéfices d'une telle pratique.

Un bonze accomplit ses exercices de ménage, de
nettoyage, de jardinage, comme autant d'exercices
contemplatifs. Il prend soin du monde qui l'entoure
et le respecte, parce qu'il sait que c'est grâce à ce
monde qu'il vit. Pour lui, le balai est un objet sacré et
lorsqu'il en fait usage, c'est d'abord son âme qu'il
nettoie.

Le zen enseigne que c'est à travers le ménage que
l'on se purifie. Remettre un objet à sa place, ranger
une pièce et refermer la porte sur un endroit absolument immaculé signifie dépoussiérer le monde. Le
nettoyage met en valeur l'essence de l'homme et de la
nature.

Chaque infime parcelle de propreté apporte un
réconfort instantané. Un dieu se cache derrière vos

casseroles : faites-les briller comme un sou neuf. Les différentes tâches quotidiennes font partie des activités de la vie. Chaque jour, chaque saison peuvent être les meilleurs.

Au Japon, le ménage n'est pas considéré comme une tâche dégradante. Les enfants à l'école, les employés au bureau, les personnes âgées dans les rues... chacun commence sa journée par un peu de nettoyage. Le gouvernement ne gaspille pas l'argent des contribuables en balayeurs de rues ni en « agents de service ».

Le travail ménager est un élément vital de la vie. Nettoyer, balayer, laver, cuisiner garde les gens en forme et les rend responsables de leur propre vie. Celui qui se remue assez pour subvenir à ses besoins de chaque jour ne souffre ni de congestion cérébrale, ni de torpeur, ni d'apathie mentale, comme lorsque les idées ne sont que des nuages flottants.

Chaque personne, homme ou femme, ayant un peu de décence, devrait être capable de nettoyer ce qu'elle salit, même si elle a les moyens de le faire faire par d'autres. Ne négligez pas le monde matériel : c'est aussi là que se trouvent la beauté et la bonté. Nettoyer sa maison, c'est comme se brosser les dents : un besoin.

Embellissez tout ce que vous touchez, même lorsque vous accomplissez les tâches les plus humbles. Un sens de l'esthétique devrait accompagner le moindre de nos gestes. Chaque action, même le plus petit acte du quotidien, peut en effet être réalisée comme un exercice de création accompli avec dignité.

Trois maximes pour vous aider :

Une place pour chaque chose et chaque chose à sa place.

L'ordre économise le temps et soulage la mémoire.

Un bon travail commence par un environnement propre et ordonné.

Frugalité, propreté et ordre

> « L'ordre est la base sur laquelle repose la beauté. »
> Pearl Buck

Ranger ses draps en belles piles représente une sorte de défense dans un monde chaotique. On est impuissant face à la peste, à la mort et à tous ces cauchemars qui nous assaillent pendant le sommeil. Mais des placards en ordre nous apportent la preuve que nous sommes au moins capables d'ordonner notre minuscule coin de l'Univers.

Accordez-vous de petites satisfactions personnelles en rangeant vos draps, donc, mais aussi en nettoyant le lavabo après la toilette, en fermant proprement le couvercle du paquet de céréales et en remettant celles-ci à leur place après utilisation. Savourez l'acte que vous venez de réaliser, là, juste en face de vous : une pulsation de plaisir, de contentement et même de beauté dans ce que vous venez d'accomplir.

Ce sont là de petits plaisirs secrets à apprécier et à cultiver.

La beauté est une des seules choses pour lesquelles la vie vaut d'être vécue. Créer une belle vie est la plus élevée des vocations. Et c'est dans ces détails, l'ordre et la propreté, que la beauté se révèle, nous soutient et nous nourrit.

Lorsque nous mettons de l'ordre autour de nous, nous en mettons également en nous. Chaque tiroir de bricoles vidé, chaque placard rangé, chaque tentative fructueuse d'organisation et de simplicité nous redonne cette certitude que nous contrôlons quelque chose de notre vie.

L'art du ménage

Faites du ménage un moment de plaisir. Enfilez la tenue appropriée, mettez de la musique, et préparez-vous à une bonne séance d'exercice physique. Évitez d'utiliser trop de produits différents car eux aussi sont souvent une source d'encombrement. Limitez-vous à deux ou trois produits (le plus efficace reste et restera l'eau de Javel !) que vous rangerez dans un endroit facile d'accès. Si vous habitez une maison à étages, un set de produits à chaque étage évitera les déplacements inutiles et fatigants.

Réservez un vrai placard à ménage pour le balai, l'aspirateur, les seaux... tous ces objets mal aimés.

La bonne ménagère (trucs de rangement)

• Utiliser une grille à poisson cloutée à l'intérieur d'une porte de placard pour ranger couteaux de cuisine, louches, etc.

• Utiliser des serre-livres pour tenir plateaux et planches.

• Plier les serviettes de toilette en 3 sans qu'aucune couture apparaisse.

• Placer boules de coton, brosses et autres dans des bocaux en verre transparent.

• Enrouler fils électriques et ficelles en « 8 » autour du pouce et de l'auriculaire avant de les ranger.

• Utiliser un grand sac-poubelle en guise de tablier pour les gros travaux.

• Mettre des barres, des crochets dans l'entrée pour les sacs, manteaux, gants, foulards...

• Avoir une série de paniers empilables prêts à recevoir le linge sec par catégories et par pièce.

• Étiqueter et nommer les dossiers qui contiennent les papiers.

• Ne pas couvrir les recettes de plastique (elles seront plus faciles à manipuler et à ranger).

• Coller les mémos à l'intérieur des portes de placards.

• Se servir d'une fourchette dans un verre en guise de porte-carte.

• Ranger les négatifs de photos dans des boîtes vides de kleenex.

• Ranger chaque set de draps dans une taie d'oreiller.

• Ranger les sacs vides par ordre de taille (petit, moyen, grand) dans 3 boîtes vides de kleenex.

• Coucher les boîtes de conserve dans un tiroir pour mieux les voir.

• S'inspirer des techniques de rangement des magasins (casiers...).

• Découper des ronds de feutrine industrielle (ou

un autre tissu épais) et les intercaler entre les assiettes précieuses.

• Avoir beaucoup de petites serviettes et de torchons propres sous la main pour cuisiner.

• Utiliser une étoffe en microfibre antigraisse ou une brosse traditionnelle pour la vaisselle.

• Mettre à tremper les minitorchons de cuisine dans un saladier d'eau additionnée d'eau de Javel chaque soir.

• Mettre du papier de cuisine humide dans les Tupperware pour garder les légumes frais.

• Nettoyer les plafonds avec une serviette-éponge fixée par un élastique sur un balai.

• Pour réduire la poussière électrostatique (TV, téléphone...), passer un chiffon imprégné d'eau et d'une goutte de shampooing conditionneur.

• Pour dégraisser un ventilateur de hotte, le laisser tremper dans la baignoire avec de l'eau additionnée de lessive pour le lave-vaisselle.

• Éviter les plantes à petites feuilles (elles donnent plus de travail que celles à grandes feuilles).

• Inciser à 1 ou 2 centimètres d'épaisseur une éponge sur un de ses côtés pour mieux la faire passer dans les endroits étroits (rails de portes coulissantes, rails de tringles, stores à baguettes...).

• Enlever les bouloches de laine avec une éponge type Scotch Brite.

• Passer l'aspirateur dans le frigo.

• Mettre un coton imbibé d'huiles essentielles dans le filtre de l'aspirateur.

• Ne pas mettre trop de produit pour laver le linge (cela l'abîme et enrichit les fabricants).

• Utiliser un filet pour les pulls et les vêtements délicats.

En résumé, simplifiez

1. N'acceptez pas ce que vous ne voulez pas.
2. Ne vous sentez pas coupable de jeter ou de donner.
3. Ne collectionnez pas les échantillons de parfumerie dans votre salle de bains.
4. Imaginez que votre maison a brûlé et faites la liste de ce que vous rachèteriez.
5. Puis celle de ce que vous ne rachèteriez pas.
6. Photographiez les objets aimés mais jamais utilisés, puis débarrassez-vous-en.
7. Appliquez votre expérience à vos besoins et, dans le doute, jetez.
8. Débarrassez-vous de tout ce qui n'a pas servi une seule fois dans l'année.
9. Faites vôtre le mantra : « *Je ne veux rien qui ne soit essentiel.* »
10. Réalisez que moins entraîne plus.
11. Distinguez vos besoins de vos envies.
12. Voyez combien de temps vous pouvez « tenir » sans un objet que vous croyiez indispensable.
13. Éliminez autant de choses matérielles que possible.
14. Ne « rangez » pas en vous contentant de déplacer.
15. Dites-vous que la simplicité ne signifie pas éliminer ce que l'on aime, mais éliminer ce qui ne contribue pas ou plus à notre bonheur.

16. Sachez que rien n'est irremplaçable.

17. Décidez du nombre d'articles que vous voulez garder (cuillères, draps, paires de chaussures...).

18. Désignez une place pour chaque chose.

19. N'accumulez ni les boîtes vides, ni les sacs, ni les bocaux.

20. Ne gardez pas plus de deux tenues pour les travaux ménagers.

21. Prévoyez un meuble de classement pour les documents précieux, le matériel de papeterie, les batteries de rechange, les reçus, les cartes routières, les cassettes, les disquettes... tous ces S.D.F.

22. Inspectez chaque pièce : un objet en moins est un époussetage en moins.

23. Posez-vous toujours la question : « Pourquoi est-ce que je garde ça ? »

24. Imaginez la visite des cambrioleurs : ne leur offrez rien.

25. Ne soyez pas prisonnière de vos erreurs d'achat passées. Réparez en éliminant.

26. Amusez-vous à faire une liste de tout ce qui est en votre possession. Impossible ?

27. Et une liste de tout ce dont vous vous êtes déjà débarrassée. Que regrettez-vous ?

28. Dites-vous que pour votre bien-être, vous devez vous défaire de tout ce qui vous irrite, même s'il s'agit d'objets sentimentaux.

29. N'hésitez pas à troquer le bien pour du mieux. Vous y gagnerez en satisfaction.

30. N'acceptez jamais des choix de seconde classe. Plus chaque élément de votre environnement se rap-

proche de la perfection, plus vous en retirerez de sérénité.

31. N'achetez que quand vous avez l'argent en poche.

32. Le changement est ce qui maintient une maison en vie.

33. Faites confiance aux objets classiques ayant fait la preuve de leur qualité.

34. Organisez-vous de manière à ne plus avoir à organiser : éliminez.

35. Réduisez le nombre de vos activités.

36. Veillez à ce que toute nouvelle acquisition soit plus réduite en taille, en poids et en volume.

37. Rejetez les gadgets.

Deuxième partie

Le corps

« On fait un vase avec du jade par un polissage répété. »

Dogen

S'occuper de son corps, c'est le libérer. Nombreuses sont celles qui dépensent du temps, de l'énergie et de l'argent à embellir leur maison, à cuisiner pour leur famille et leurs amis, à s'occuper des autres ou à aller au théâtre alors qu'elles ignorent leur corps et se donnent des excuses en prétendant ne pas avoir de temps pour marcher, purifier leur peau ou planifier leur régime.

Elles ne se rendent pas compte que ce que l'intelligence donne à un visage, le maintenant harmonieux et noble, elle devrait parallèlement l'exiger du corps. Mais s'occuper de son corps et de son apparence, se masser et assouplir ses articulations reste peu pratiqué chez beaucoup d'Occidentaux (en particulier d'un certain âge) encore victimes de l'influence judéo-chrétienne selon laquelle le corps n'est que tabou et salissure. C'est d'ailleurs avec l'apparition des chrétiens que les thermes, les massages et les écoles de diététique de l'époque hellénistique et romaine ont disparu de notre culture.

Que sont devenus le bon sens, l'élégance, le souci d'avoir un teint clair, un corps sain et une silhouette souple ? Bêtise, complaisance, paresse... mais aussi manque d'honnêteté envers soi-même et les autres. A-t-on le droit, au nom du plaisir, de la bonne chère, des loisirs et des cotisations à la Sécurité sociale, de faire n'importe quoi de sa santé, de son équilibre et de son savoir-vivre alors que des millions de gens dans le monde manquent de soins médicaux, d'hôpitaux et même de nourriture ? Pourquoi accepter les kilos, le cholestérol, la tension, les teints ternes et tachés, les articulations encrassées, les visites chez le médecin comme des conséquences inévitables de l'âge, mais refuser de modifier son mode de vie, ses habitudes et son alimentation ?

Vivre dans un corps qui vous fait souffrir et rend tous vos mouvements pénibles, ce n'est pas vivre dans le repos et la liberté, ni dans la dignité et l'indépendance. C'est être esclave. Esclave de soi ! Mais un esclavage que personne ne vous a imposé.

Les besoins du corps sont limités. Une fois qu'on a dépassé cette limite, il n'y a plus de limites. Notre corps ne doit pas être négligé car de lui dépend notre vie et de notre vie dépend celle des autres. Certes, ne s'occuper que de lui (sport, nourriture, soins...) est signe d'une incapacité mentale, mais pour vivre décemment, il faut passer par lui. Il faut donc apprendre (ou plutôt réapprendre) à se modérer, s'assouplir, se nettoyer, se purifier et se discipliner.

Le corps ne doit pas encombrer l'âme. Il doit rester disponible pour l'activité intellectuelle et le domaine spirituel.

1

La beauté et vous

Découvrez votre propre image

Soyez vous-même

> « Qui ne s'est pas fait beau soi-même n'a pas le
> droit d'approcher la beauté. »
>
> Kakuzo Okakura

Être beau, c'est d'abord être soi. Tous nos défauts, nos petites misères, sont autant d'occasions de nous apprendre à nous connaître et de mûrir.

La beauté est la convergence de plusieurs facteurs : assurance, fierté, présence, allure, entrain...

C'est parce qu'une femme se sent attirante, que, précisément, elle l'est. D'où l'importance de se connaître et de s'accepter.

Habillement, maquillage, goûts, tendances... Sachez quelle personne vous êtes vraiment et appliquez-vous à lui ressembler, à devenir la pionnière de nouvelles frontières, notamment celles de l'âge qui sont à redéfinir. Cela devient de plus en plus possible.

Les centenaires ne sont plus rares. Ne vous laissez pas influencer par l'idée que vieillesse est systématiquement synonyme de maladie.

Vous pouvez vieillir tout en gagnant en force, en énergie et en beauté. Les femmes qui se sentent toujours fatiguées mettent cela sur le compte de l'âge, alors qu'il s'agit souvent d'un problème de glandes hormonales dont elles ignorent même l'existence. Elles souffrent d'insomnies, d'hypoglycémie, font des dépressions nerveuses, leur mémoire défaille, elles ne peuvent pas contrôler leurs fringales de sucre... Les médecins disent que ces glandes « neutralisent » les chocs émotionnels, mais aussi qu'elles « rechargent nos batteries » grâce aux pensées positives. Être heureux et entouré de gens qui le sont aussi est donc primordial pour la santé et la beauté. Riez, regardez des films drôles, racontez des histoires amusantes...

Vous pouvez aussi décider de changer : vous habiller différemment, troquer votre café matinal contre une autre boisson, prendre un autre chemin pour aller travailler, mettre de la fantaisie là où il n'y en a pas.

Marchez, cuisinez, vivez avec votre « énergie ». Une des autres composantes essentielles de la beauté est la joie de vivre. Attention donc au stress, à l'anxiété, à la colère, au chagrin, à la peur : ils sont vos ennemis. Entraînez-vous à laisser passer toutes ces émotions avec autant de légèreté que possible, comme si elles ne pouvaient vous toucher, afin de préserver vos ressources vitales. Elles ont plus d'efficacité qu'une crème de chez Molinard... Efforcez-vous, pour être belle, de rester neutre, doucement détachée et de vous sentir le moins possible concernée. Regardez-vous dans un miroir et cherchez-y les moindres petits signes de négativité, de soucis, de fatigue ou de colère. Puis relaxez-vous et souriez-vous.

Le charme superficiel versus *la beauté intérieure*

> « Si vous n'avez rien à créer, créez-vous vous-même. »
>
> Carl Jung, *Ma vie : Souvenirs, rêves et pensées*

Personne, ni médecins ni esthéticiennes ni vendeuses de maquillage, ne peut prendre soin de notre corps mieux que nous-mêmes ; nous sommes responsables et fautives de le négliger. Pourquoi, comme tant, risquer déformations, vieillissement prématuré, maladies ? Notre santé est notre bien le plus précieux. Nous devons réaliser que nous possédons tous une certaine forme de beauté. Pourquoi attendre d'être malade pour regretter de ne pas avoir su préserver ce cadeau de la nature ?

Mais cette beauté physique ne rayonnera que si elle est en harmonie avec la beauté intérieure.

À Hô Chi Minh Ville, un tiers de la population est sans abri et vit sur les trottoirs. Pourtant, au petit matin, les parcs sont d'une activité intense spectaculaire. Des centaines de personnes de tous âges font du jogging, des étirements, des échauffements ; et sous un arbre, attendent de vieilles dames bavardes ; elles ont « investi » leurs menues économies dans un pèse-personne qu'elles louent à tous ces sportifs soucieux de leur poids, qui désirent entretenir leur corps, leur seule demeure. Nous devrions tous polir cette pierre précieuse que nous sommes, mettre en valeur son éclat. Toiles et pinceaux ne sont pas nécessaires. Nous avons assez de notre corps et de notre matière grise pour nous exprimer. S'efforcer d'être beau et en forme a autant d'importance que de réaliser une œuvre d'art. Vieillir est l'épreuve clé de la beauté. Le charme superficiel de la jeunesse se transforme en une beauté intérieure qui s'extériorise et s'enrichit au fil des ans. Être beau, c'est être agréable à regarder, quel que soit l'âge. Le style s'acquiert par du bon sens et du goût. Le style ne s'arrête pas aux contours et à la substance ; c'est aussi une marque d'intelligence, quelque chose qui vient de l'intérieur ; c'est un choix, un concept de qui nous sommes, qui nous voulons devenir, et comment.

Ne soyez pas victime de votre corps

> « Une femme devrait avoir ses ongles peints jusqu'à quatre-vingt-dix ans. »
>
> Anaïs Nin

Si vous ne prenez pas soin de votre corps, vous en deviendrez victime. Votre corps est votre demeure. Ses soins ne doivent pas être négligés au détriment de ceux donnés aux autres. C'est seulement quand on s'aime que l'on peut donner. Faites un effort : vous le devez à vous-même, à votre famille et aux autres. Personne n'aime regarder une maison mal entretenue. C'est la même chose pour une personne.

Il est de notre devoir d'avoir une apparence propre et soignée. Si vous respectez quelques règles et que vous n'abusez pas de votre corps, même moyennement doté par la nature, vous pouvez, avec une bonne connaissance de vous-même, acquérir du charme.

Shakespeare disait que nous savons qui nous sommes sans présumer de ce que nous deviendrons. Vouloir être agréable physiquement n'est pas une préoccupation superficielle, c'est une affaire de respect. La beauté n'est pas toujours un don du ciel. C'est une discipline et sa quête date du début des temps. La beauté physique repose beaucoup sur la santé et la confiance en soi. Avec de l'énergie, on est plus actif, on répond mieux à son entourage et on s'aime davantage.

Affirmez votre présence

> « Ma grand-mère avait encore gardé des signes de sa féminité. Malgré la traditionnelle veste gris pâle, elle prenait particulièrement soin de son épaisse chevelure longue, la portant en un chignon qu'elle ornait d'une fleur. Elle n'utilisait jamais les shampooings du magasin, mais un fruit spécial pour les laver. Et puis, elle ajoutait la dernière touche : quelques gouttes d'huile de fleurs d'osmanthus qu'elle avait préparée elle-même... Elle faisait tout avec vivacité et quand elle sortait pour ses courses, elle n'oubliait jamais de se passer un peu de charbon sur les sourcils, et un nuage de poudre sur le nez. Elle marchait droite, avec fierté et assurance. »
>
> Jung Chang,
> *Les Trois Sœurs de Chine, le cygne sauvage*

Avoir de la présence produit une impression si vive sur les autres que l'on n'a pas besoin de posséder le physique le plus parfait pour être beau. C'est la qualité de cette présence qui donne ce que l'on appelle l'allure.

Évitez de laisser vos pensées s'abandonner aux médiocrités de la réalité quotidienne. Vous pouvez vous renouveler chaque jour à travers les choix que vous faites. C'est en prenant soin des gestes les plus empreints de votre personnalité que vous laissez votre signature personnelle sur la vie ; que ce soit allumer un bâtonnet d'encens, composer un bouquet, un thé ou préparer un repas. Trouvez votre manière à vous d'être bien dans votre corps et dans votre tête.

Vous affirmez votre présence par la façon dont vous vous comportez.

En adoptant la manière juste de vous asseoir, vous regagnerez votre fierté. Lorsque vous marchez avec dignité et confiance, vous vous déplacez avec ce que les Indiens Navajos appellent votre « beauté » ; et cela, qui que vous soyez. Qu'est-ce qui rend une colonne vertébrale droite, la vitamine C ou l'amour-propre ?

Recherchez la transparence

La transparence est l'absence de rigidité qui permet à une personne de rayonner de l'intérieur. Mais elle ne s'obtient que si cette personne a atteint la plénitude, la confiance et le naturel, et est capable de réagir à n'importe quelle situation, de la surmonter, de rester maîtresse d'elle-même et d'attendre avec quiétude ce qui n'est pas encore advenu. La répétition « aveugle » de gestes mécaniques permet à l'esprit de rester libre pour se concentrer sur le fait d'être, tout simplement, sans avoir à hésiter quant à la meilleure manière de s'y prendre, sur les choix à faire. Par exemple, lorsque vous ne savez pas comment exécuter une tâche, vous tâtonnez, supposez, avant de commencer le travail, alors que si vous aviez appris la façon de procéder, votre geste deviendrait automatique. Cette idée s'applique aux arts, aux langues, aux obligations domestiques...

Quand on se sent bien dans son corps, on se sent bien partout.

Veillez à vos rictus et à vos manies

Notre physionomie peut nous mettre en valeur ou nous détruire. La beauté est une affaire de génétique, de diététique et d'optimisme ; devenir conscient de ses expressions faciales est très important, parce qu'une expression tendue ne se contente pas de révéler cette tension, elle contribue à la maintenir. Si vous faites disparaître la tension de votre visage, elle disparaîtra aussi de votre esprit. Si vous vous efforcez de montrer un visage souriant au monde, vous deviendrez heureuse à votre tour et le monde lui aussi vous sourira.

Perfectionnez vos gestes

> « Nous sommes ce que nous faisons. L'excellence, alors, n'est pas un acte, mais une habitude. »
>
> Aristote

C'est à travers les gestes que l'on se manifeste aux autres. Trouvez les vôtres, puisez dans les belles manières force et repos. Une posture assise, empreinte de dignité, est en elle-même une affirmation de liberté et d'harmonie intérieure. Quand le corps a maîtrisé les formes, l'esprit se libère et peut se surpasser. Apprendre à s'asseoir, par exemple, dans la position correcte, remet toutes les parties du corps en place, et permet la concentration.

Le corps ne doit pas être considéré comme une « masse », mais comme un ensemble de gestes à travers lesquels nous nous exprimons. Plus que la beauté plastique, ce sont les mouvements et les expressions du visage qui font qu'une personne est agréable ou non à regarder.

Nous possédons de précieux outils : la démarche, les poses, le sourire, les moues, le regard... Tout cela peut se travailler, se corriger, s'améliorer, pour devenir plus harmonieux.

Nous devons faire des efforts pour essayer de trouver le geste juste, la façon la plus naturelle et harmonieuse d'utiliser notre corps.

La beauté se révèle à travers la texture et la tonicité de la peau, des muscles travaillés et souples, une silhouette mince, une plus grande délicatesse des gestes, la fluidité des mouvements, la dignité des poses.

Notre vie quotidienne est tissée de gestes simples et répétés qui, au Japon, font dès la plus tendre enfance l'objet d'exercices : s'asseoir, se lever, se laver, couper les légumes, faire le lit, essorer un torchon, plier un kimono...

Nous devrions tous réapprendre à marcher, à soulever un poids, à nous exprimer verbalement plus correctement, à contrôler notre débit de parole... Il existe d'ailleurs aux États-Unis des *voice trainers*, spécialistes qui apprennent à rendre plus agréable le registre de la voix, à lui donner un charme particulier ou... envoûtant !

Tout peut devenir sujet à exercice. Les vrais esthètes et les artistes sont ceux dont les attitudes deviennent formes et les formes attitudes. L'entraînement du corps vise au progrès et à la préservation de nos facultés.

Lorsqu'un geste est répété, il s'ancre chaque fois un peu plus profondément en nous et finit par exprimer une réalité, qu'elle soit bonne ou mauvaise. Une habitude, en quelque sorte. C'est quand le résultat apparaît que l'exercice peut prendre fin, comme lorsqu'on obtient son permis de conduire. Il est dommage de donner une fausse impression de sa véritable identité, alors qu'un simple exercice pourrait effacer des attitudes parfois disgracieuses ou maladroites. La répétition est une pratique ennuyeuse et astreignante ; elle apporte cependant des résultats étonnants.

Libérez votre corps par les soins et le sommeil

L'importance de prendre soin de sa personne

> « Les gens impeccablement soignés sont beaux, quel que soit le prix de leurs bijoux. S'ils ne sont pas propres, ils ne seront jamais beaux. »
>
> Andy Warhol

Pour être beau, il faut commencer par de bonnes bases : une belle peau, des cheveux sains, des muscles toniques et de l'énergie. Les vitamines en boîte n'ont pas d'efficacité. Si vous voulez être en bonne santé, mangez correctement, faites de l'exercice et dormez suffisamment. Conjuguez une alimentation saine à des bains, des brossages corporels et un peu d'exercice et vous aurez une très belle forme.

De plus, quelques recettes simples et la mise en application de principes font merveille. Plus les recettes sont vieilles, plus elles sont efficaces ; sinon, elles auraient été oubliées !

Sculptez, limez, purgez, nettoyez, nourrissez, décorez votre corps

> « Le luxe de l'Empereur... la vitesse, les bagages les moins encombrants, les vêtements les mieux adaptés au climat... mais son plus grand atout était la condition parfaite de son corps. »
>
> Marguerite Yourcenar, *Mémoires d'Hadrien*

On ne peut être libre tant qu'on est mal à l'aise dans son corps et tant que l'on n'est pas parfaitement soigné.

Une fois que l'on ne donne plus d'importance à ses défauts, qu'on oublie son apparence, on devient plus spontané, souriant, chaleureux. Les femmes ayant de la présence et de l'assurance sont toujours très soignées. Des ongles au vernis écaillé, des vêtements trop serrés ou trop grands, la transpiration, une mauvaise haleine, des dents jaunes, un manque de sommeil, des cheveux sales peuvent gâcher une journée, un voyage, une rencontre.

Une personne maquillée émet des ondes d'énergie positive. Ne restez pas passive, vous pouvez changer, devenir plus radieuse. Tout ce que vous faites pour vous-même (nettoyage de peau, massage ou séance de manucure) a d'abord pour effet de vous donner conscience que vous avez un corps et que vous vous en occupez.

Avant de commencer vos soins de beauté

Mettez de l'ordre dans votre tête et dans votre salle de bains. Certains rituels et quelques simples principes deviendront une partie de vous-même, à condition, bien sûr, que vous leur restiez fidèle.

Quand on prend soin de son corps, on prend soin de son esprit ; on peut alors prendre soin des autres. Tout ce qui arrive se passe d'abord dans notre tête. Soyez positive, enrichissez votre savoir, souriez et... ayez confiance.

Procurez-vous un miroir de plain-pied, un pèse-personne fiable et un petit carnet dans lequel vous noterez votre poids, le nom de vos produits de beauté préférés ainsi que quelques recettes de beauté (mais pas trop, sinon vous risquez de ne pas les appliquer). Notez aussi les problèmes de santé à résoudre et les dates de vos visites médicales. Vous devriez gérer votre santé et votre beauté comme votre budget.

Il faut distinguer avec intelligence le genre de soins nécessitant l'aide d'un professionnel (coupe des cheveux, nettoyage des dents, extraction de petites verrues inesthétiques...) des soins que vous pouvez exécuter vous-même (manucure et pédicure, masques de peau et des cheveux, massages...).

Tout est affaire de bon sens. Trop de femmes dépensent une fortune en produits de régime puis se gavent de sucreries. Elles ont avant tout besoin de faire de l'ordre dans leur tête et dans leur vie, et devraient commencer par mettre en cause des facteurs psychologiques, émotionnels ou cliniques.

Transformez votre salle de bains en un véritable petit institut de beauté, avec l'ordre et la propreté nécessaires aussi bien à vos soins qu'à vos sens. Vérifiez le contenu de votre trousse de toilette et ne gardez que peu mais de bons produits. Cela vous apportera confiance, plaisir et satisfaction.

2

Les soins d'une minimaliste

La peau, les cheveux et les ongles

Les soins de la peau

Pour la peau aussi, moins entraîne plus. La plupart des produits commerciaux abîment la peau.

Tout d'abord, évitez l'alimentation industrielle, que les Anglais appellent *junk food*. Choisissez votre alimentation en fonction de votre santé, de votre beauté, non de vos préférences et gourmandises. Les Chinois considèrent la nourriture comme un médicament ; mais en France trop rares sont encore les médecins qui vous conseillent de manger du pain complet si vous avez des rhumatismes !

Sachez aussi qu'il existe autant de produits de beauté *junk* que de produits alimentaires sur le marché.

Pour nettoyer votre peau, trouvez un bon savon doux, à la glycérine ou au miel. Utilisez-le le soir, pour vous « démaquiller », même si vous ne vous êtes pas maquillée ce jour-là. La poussière et les impuretés se sont incrustées dans le film protecteur sécrété par la peau (d'où le teint jaune en fin de journée) ; celle-ci a besoin de respirer. En revanche, elle n'a pas besoin de savon le matin. Sa meilleure alliée est l'eau glacée : les Japonaises se tapotent le visage cent cinquante fois afin de stimuler la circulation sanguine et d'avoir un plus joli teint.

Ensuite, nourrissez votre peau en fonction de sa condition : s'il fait humide, elle n'aura besoin de presque rien. Si elle « tire » ou qu'elle est sèche, une ou deux gouttes d'huile préchauffées dans les paumes des mains pour mieux la faire pénétrer suffira. En règle générale, ce qui est bon dans l'alimentation l'est aussi pour la peau : l'huile d'olive, d'avocat, de sésame, d'amande...

Un reste de thé, appliqué sous forme de lotion, protège la peau par ses huiles naturelles, sans en obstruer les pores.

En appliquant votre goutte d'huile, profitez-en pour faire un massage. Ce geste quotidien mérite d'être étudié, compris et pratiqué. Notre visage contient à lui seul plus de trois cents minuscules muscles qui, massés, maintiennent les tissus en place. La qualité d'une peau repose sur son élasticité. Veillez à ne pas la distendre par des frottements agressifs ou de mauvaises habitudes (se tenir la joue, mettre les poings sous le menton...).

Prendre conscience de ses gestes est essentiel, car c'est de l'état d'esprit dans lequel vous appliquez vos soins que dépend le résultat. Aimer sa peau pendant qu'on la soigne, tout comme parler à une fleur en l'arrosant, l'embellit : notre épiderme et nos cheveux fonctionnent en relation étroite avec notre organisme, notre environnement et surtout nos pensées.

Un dernier conseil : le soleil est l'ennemi numéro un ; protégez-vous avec un chapeau et des lunettes pour éviter quelques rides supplémentaires.

Arrêtez de gaspiller votre argent à vous abîmer la peau

Prenez des bains d'air, laissez votre peau respirer. Portez des vêtements légers chaque fois que cela est possible. Réactivez vos centres d'énergie quotidiennement. On distingue deux sortes de nudité : l'absence de vêtements, et l'absence de produits chimiques sur le corps.

La peau n'a pas besoin de savon, de lotion ni de crème pour être propre et douce. Elle a besoin d'être nettoyée et nourrie. Renoncez aux produits chimiques, aux lotions, aux complications. Défaites-vous des pièges de l'industrie de la beauté. La peau, tout comme le système digestif, absorbe ce qu'on lui donne et le fait passer dans le sang. Certains produits cosmétiques empoisonnent et polluent notre organisme.

Les meilleurs traitements pour la peau sont une alimentation saine, un sommeil suffisant, de l'eau pure et... du bonheur. Le reste est secondaire. Traitements et cosmétiques coûteux ne sont pas nécessaires. Les soins de la peau devraient se limiter à un nettoyage en profondeur, à sa nutrition et à beaucoup de protection.

Certes, simplifier n'est pas facile parce que cela semble être mensonger. Nous sommes conditionnées par le lavage de cerveau que les magazines et la publicité nous font subir, trompées par des idées préconçues sur les soins corporels et esthétiques que nous sommes supposées appliquer, manipulées afin de croire que plus un produit coûte cher, plus il donne de bons résultats, et culpabilisées si nous n'utilisons pas ces produits. Mais demandez à une jolie femme ce qu'elle utilise pour ses soins de beauté : elle vous répondra probablement « Oh, très peu ! »

Un visage jeune

Cernes, yeux bouffis aux contours sombres sont souvent une marque de fatigue et un manque d'énergie provenant d'un mauvais foie. Tous ces symptômes s'estomperont en évitant les excès alimentaires, les épices, la viande, la charcuterie, le sel, le sucre et les huiles saturées. Une petite cure de vinaigre aidera également à retrouver le teint clair : buvez 5 centilitres de vinaigre additionné d'eau quotidiennement pendant un mois et vous obtiendrez des miracles.

Massez-vous le visage avec de l'huile, en insistant sur le pourtour des yeux pour activer la circulation (trois fois en partant du coin de l'œil dans le sens des aiguilles d'une montre et trois fois en sens inverse). Puis faites une petite gymnastique du globe oculaire en baissant le menton tout en regardant en haut puis en roulant les yeux.

Regardez-vous souvent dans les miroirs et ne fuyez

pas votre image. C'est ainsi que vous arriverez à obtenir des résultats.

Il faut répéter longtemps certains gestes pour qu'ils deviennent une habitude, car la santé et la beauté ne sont pas possibles sans bonnes habitudes.

Côté « mental », vous pourrez constater que tous les gens n'ont pas le même âge mental, quel que soit leur âge biologique. Ceux dont l'âge mental n'a pas grandi se comportent souvent de manière impulsive ; ils font des achats sur un coup de cœur, reçoivent les compliments avec joie, font preuve de peu de patience et ont peu d'expressions faciales. Ils parlent uniquement à la première personne du singulier, ignorent la présence de leur interlocuteur et ne savent pas se conduire en société.

Au contraire, ceux dont l'âge mental a évolué sourient beaucoup, parlent peu d'eux et, paradoxalement, paraissent plus jeunes !

Quelques recettes de beauté « maison »

Exfoliation

Réduisez en poudre, dans un moulin à graines, de petits haricots rouges que vous humecterez (une cuillère à café) dans la paume de la main avant de frotter délicatement votre épiderme en petits mouvements circulaires. Frottez votre visage, pendant deux ou trois minutes avec l'intérieur d'une peau de papaye ou de mangue : ces fruits contiennent des enzymes merveilleux pour dissoudre les impuretés de sébum (et les graisses dans le corps aussi) ; les fabricants de cosmétiques les utilisent beaucoup en quantités réduites, dans leurs produits.

Nettoyage en profondeur

Faites bouillir 200 cl d'eau, ajoutez-y 2 ou 3 gouttes d'une huile essentielle (lavande, citron...) et donnez à votre visage un bain de vapeur pour ouvrir les pores, puis appliquez un masque « fait maison » : une ou deux cuillères à café de farine mélangées à la même quantité de yaourt, citron, alcool de riz, jus de racines... Pratiquement tous les aliments frais de votre réfrigérateur ont un effet thérapeutique. Expérimentez et jugez par vous-même.

Alimentation, eau et sommeil

Essayez de ne consommer que des produits frais et non traités.
Buvez de l'eau minérale pour... ses minéraux ! (L'eau est le meilleur produit de beauté.)
Couchez-vous avant minuit et dormez de 6 à 8 heures par nuit. Trop ou moins est mauvais pour la santé.
Introduisez des produits à base de soja dans vos repas : ils vous aideront à rester jeune.
Sachez reconnaître et choisir des aliments médicinaux : graines, fruits, fines herbes...
Ce ne sont pas les rides qui sont le facteur déterminant d'une peau âgée. C'est plutôt la couleur terne et grise d'une peau qui a une mauvaise circulation.
Un autre « secret » : le vinaigre. Dilué dans un peu d'eau, il dissout les résidus de savon, aussi bien sur la peau que sur les cheveux. Une bouteille de vinaigre de toilette, un savon doux, une bonne huile, un shampooing et un conditionneur devraient donc être les seuls produits présents dans votre salle de bains.

Le fond de teint

Il paraît que quand une femme a découvert son fond de teint, elle peut conquérir le monde.

Achetez un fond de teint de qualité, et veillez à ce qu'il reste invisible sur la peau. Ne l'appliquez que sur la zone T et sous les yeux, en très petite quantité, du bout des doigts, sans le faire pénétrer. Étendu trop uniformément, il vous donnerait une apparence manquant de naturel. Et tout ce qui est de trop sur la peau bouche les pores. Là encore, moins fait plus.

Pour les peaux sèches :

Manger un demi-avocat par jour et en écraser l'équivalent d'une cuillerée à café à étaler 10 minutes en masque sur le visage (effet miraculeux assuré, essayez...), mettre 1 verre de saké japonais et 3 gouttes d'huile dans l'eau du bain. Se laver le visage à l'eau avant d'utiliser le savon. Pour les peaux normales, un peu d'huile suffit. Quant aux peaux mixtes ou grasses, le meilleur soin est... rien. Ne savonner que sur les parties grasses que l'on aura repérées avant et tamponner avec la serviette. De l'eau tiède (ou glacée, en été) suffira le matin. Éviter également les produits laitiers (sauf les yaourts) et les produits à base de blé.

L'huile unique

Cherchez une seule mais excellente huile que vous utiliserez pour votre visage, vos cheveux, votre corps et vos ongles. Toutes les crèmes, pour devenir des crèmes, doivent contenir de la glycérine. Or celle-ci bouche les pores, et empêche la peau de respirer.

N'acceptez pas en surplus l'encombrement dans votre vanity, sur vos tablettes de salle de bains. Faites de l'espace pour prendre soin de votre corps, le rendre aussi pur, propre et beau que possible. Votre salle de bains reflète le type de soins que vous vous donnez.

Notre corps a besoin d'huile, extérieurement et intérieurement.

INTÉRIEUREMENT

Il est indispensable, pour la santé, de prendre avec son alimentation au moins une cuillerée par jour d'une huile de qualité pressée à froid car elle a pour fonction d'assouplir et d'entretenir les parois intestinales.

EXTÉRIEUREMENT

L'huile appliquée sur le corps est rapidement absorbée et pénètre jusque dans les os, prévenant ainsi les fractures qui se produisent souvent chez les personnes d'un certain âge. Eh oui, les os aussi deviennent friables avec le temps. Les massages à l'huile, pratiqués depuis l'Antiquité, ne sont pas qu'un plaisir et un luxe ; ce sont aussi des soins préventifs.

L'huile d'avocat, en particulier, est excellente aussi bien pour le corps que pour le visage. Elle prévient les petites rides autour des yeux et apporte élasticité et souplesse à l'épiderme. Elle ne cause pas de comédons et est riche en vitamines B et E. Elle s'utilise aussi en masque sur les cheveux et a le pouvoir de dissoudre le sébum, facilement éliminé lors du shampooing.

De temps en temps (une ou deux fois par mois), lorsque vous prenez votre bain, enduisez votre corps d'huile avant d'entrer dans une eau assez chaude. Contrairement à ce que vous craignez, l'huile (pas plus d'une cuillerée à soupe) ne graissera absolument pas l'eau du bain ; elle sera complètement absorbée par le corps dans lequel elle pénétrera d'autant plus facilement que les pores se seront dilatés sous l'effet de la chaleur. Avec de la musique de Vivaldi et une bougie parfumée, la relaxation sera complète. À la sortie du bain, votre peau sera douce et son grain aussi fin que celui de la peau d'un bébé...

Vous pouvez parfaitement nettoyer votre visage avec tout simplement... de l'huile. Même le mascara le plus résistant disparaîtra. C'est facile : mettez de l'huile dans vos mains, à sec, massez bien votre visage en insistant sur les parties les plus maquillées, puis mouillez vos mains, massez à nouveau et enfin lavez votre visage sous de l'eau courante (tiède ou froide, éventuellement avec un savon doux). Essuyez-vous et découvrez une peau douce, propre, aux pores affinés et... qui n'aura besoin de rien, pas même d'une crème ou d'une lotion pour la nourrir ou l'adoucir. Le soin minimaliste parfait par excellence !

Les huiles sont toutes différentes les unes des autres, donc à vous de trouver celle qui vous convient le mieux. L'huile d'avocat est une des plus riches et, additionnée de quelques gouttes d'une huile essentielle de fleurs, elle laisse sur la peau un parfum très agréable. Vous pouvez aussi essayer avec de l'huile d'amandes douces, utilisée pour les bébés, de l'huile de squale ou de l'huile de vison.

Certaines huiles, cependant, ont une odeur assez forte, telles celles d'olive ou de sésame, et leur emploi sera peut-être moins agréable.

Les cheveux

L'état des cheveux dépend beaucoup de l'alimentation. Algues et sésame sont des élixirs.

Ne vous lavez pas trop souvent les cheveux sauf par temps humide ou chaud. Utilisez aussi peu de shampooing que possible. Faites-le d'abord mousser, dilué à de l'eau dans un petit bol, avant de l'appliquer sur les cheveux si vous ne voulez pas qu'il en reste dans le cuir chevelu comme cela arrive la plupart du temps ; puis effectuez un dernier rinçage avec un verre d'eau pure additionnée d'une cuillère de vinaigre de cidre. Apprenez à masser votre tête pendant le shampooing, sur certains points d'acupuncture très précis. On a tendance à négliger la santé de son cuir chevelu qui, sous les effets du stress, se contracte et empêche les cheveux de bien pousser. Il faut décoller le cuir du crâne en le massant avec les dix doigts raidis, régulièrement. Puis faites briller et tenir vos cheveux propres et séchés naturellement avec une ou deux gouttes de votre « huile unique ».

Allez chez le coiffeur régulièrement. Si vous vous négligez, ce sera autant de jours de mauvaise humeur en plus.

Brossez-vous les cheveux la tête en bas (pour favoriser la circulation du cuir chevelu), mais avec douceur, et jamais quand ils sont mouillés. Choisissez un peigne en bois, à dents larges. Les Japonaises, malgré leur longue et épaisse chevelure, n'ont jamais connu la brosse jusqu'à ce qu'elles s'occidentalisent.

Quand vous allez chez le coiffeur, ne lui donnez jamais carte blanche : expliquez-lui exactement ce que vous voulez. Aimez vos cheveux et respectez leur texture. Une chevelure naturelle donne plus de distinction à une femme, si elle est soignée, que des cheveux aux couleurs artificielles et à la coupe « caniche frisé » ou « nuque rasée » qui feraient fuir un bataillon.

Demandez à votre coiffeur de vous montrer comment réaliser vos coiffures vous-même, comment tenir le séchoir, où planter les épingles, comment procéder. Demandez-lui un rendez-vous spécial pour qu'il vous montre, en vous conseillant, comment faire un chignon ou une tresse vous-même. S'il refuse, eh bien cherchez quelqu'un de plus... commerçant ! La forme d'un visage et même une silhouette dépendent du volume de la coiffure. Tous les cheveux ont au moins un type de coiffure qui peut vous mettre en valeur et rehausser particulièrement vos traits.

Alors, si vos cheveux vous le permettent, laissez-les pousser de façon à les arranger en chignon. Un beau chignon, même de cheveux blancs ou poivrés, agrémenté de diamants ou de perles aux oreilles, et un rouge à lèvres lumineux suffisent à faire d'une femme quelconque une personne digne et distinguée.

Masque à l'huile d'olive ou d'avocat

Une fois encore, refusez d'encombrer votre salle de bains et de gaspiller de l'argent avec des soins capillaires dont les résultats ne sont que moyennement satisfaisants.

Faites réchauffer une petite demi-tasse (selon le volume de votre chevelure, bien sûr) d'huile d'olive ou d'avocat sans porter à ébullition, appliquez-la sur les cheveux essorés et couvrez d'une serviette chaude et humide pour faire pénétrer. Dès que la serviette a tiédi plongez-la dans une cuvette d'eau chaude, et recommencez l'opération 5 ou 6 fois. Puis lavez avec un shampooing doux. Vos cheveux seront plus brillants et moins secs. Vous pouvez ajouter à votre huile un jaune d'œuf frais et un peu de rhum, puis laisser agir 20 minutes . Les Américaines utilisent 2 ou 3 cuillères à soupe de mayonnaise. Le résultat est aussi bon.

Offrez-vous, si vous le pouvez, ce soin restructurant fait « maison » une fois par semaine.

Les ongles

Vos ongles vous classent ou vous déclassent.

De beaux ongles soignés sont magiques pour le moral et pour l'image que vous donnez aux autres.

Quelques séances en institut, appliquées par une manucure professionnelle, ont l'avantage d'enseigner les gestes et le déroulement des soins. Une fois de plus, posez autant de questions que possible et essayez de retenir la façon de faire. Ensuite, devenez votre propre manucure ; placez tous vos instruments, serviettes et bol d'eau chaude sur un plateau, préparez une bonne vidéo, une boisson agréable, mettez votre téléphone sur répondeur et consacrez-vous corps et âme à vos vingt joyaux.

COMMENT PROCÉDER

1. Limez.
2. Enduisez les cuticules d'huile (pour mieux les ramollir) et laissez tremper vos ongles dans un bol d'eau chaude pendant un quart d'heure.
3. Repoussez les cuticules à l'aide d'un bâtonnet de buis trempé directement dans votre « huile unique ». Ôtez les petites peaux mortes avec une pince. Si vous vous brossez souvent les ongles, elles réapparaîtront moins souvent. Une bonne brosse à ongles aux poils très durs est donc absolument nécessaire.
4. Polissez avec un polissoir.
5. Massez et nourrissez l'ongle avec votre « huile unique ». Insistez sur la base de l'ongle, là où se fait la repousse. Les deux ennemis des ongles sont l'eau et le dissolvant qui les dessèchent et les rendent friables. Une petite goutte d'huile appliquée à leur base une ou deux fois par jour, si possible avant de les mouiller, les protégera en profondeur même si les mains sont en contact fréquent avec l'eau. Ce qui n'exclut pas l'utilisation de gants en caoutchouc lors de trempages prolongés.
6. Essuyez le surplus d'huile avec un Kleenex (pas de coton, ça peluche), puis passez une couche ou deux de base et une couleur. Le vernis, contrairement à ce que certaines pensent, lorsqu'il est bien appliqué, dure une petite semaine et de surcroît protège l'ongle.

Pour les callosités, choisissez une bonne râpe fine et utilisez-la à sec. Lavez, puis massez avec de l'huile en profondeur.

Trouvez une forme et une longueur d'ongles flattant vos mains, et gardez-les toujours ainsi. Des ongles parfaits sur de jolies mains peuvent se contenter d'un vernis à peine moins transparent qu'une base. Mais pour les pieds, de jolies couleurs lumineuses vous apporteront un plaisir secret chaque fois que vous vous déchausserez.

Dites adieu aux impuretés

Regardez votre précieux corps, reconnectez-le à votre esprit

Refaites-vous une santé en changeant vos habitudes. Commencez par un nettoyage approfondi : un organisme chargé de toxines ne peut fonctionner correctement. La peau, baromètre de notre santé, fonctionne d'abord et avant tout comme agent d'élimination. Le secret de votre réussite, c'est l'eau, le brossage du corps, des sens en éveil et une réelle détermination.

C'est vous qui avez créé ce corps que vous voyez. Les Japonais, les Suédois et beaucoup d'autres peuples pratiquent le brossage corporel depuis des siècles.

Accompagné d'une alimentation équilibrée, il constitue l'un des procédés de médecine préventive et de beauté les plus efficaces. C'est une forme de soins gratuits et applicables où que vous vous trouviez.

Faites l'expérience d'une sensation totale de propreté, montrez au monde une peau brillante : brossez-la.

Mettez en pratique ce rituel rapide et facile d'exfoliation. Se brosser aide à nettoyer les coudes et phalanges grisâtres, les genoux et talons rugueux, les cuticules desséchées, les jambes calleuses et la peau qui pèle. Quelques jours de brossage régulier suffisent à donner des résultats spectaculaires.

Se brosser le corps est revigorant et énergétique. Cette pratique renforce les défenses du système immunitaire. Les pores s'ouvrent et respirent, les ongles deviennent plus durs.

Les cellules cutanées des personnes qui ne se brossent pas se dégradent peu à peu à cause de la baisse du métabolisme entraînée par l'âge. Le brossage nettoie le système lymphatique, ce système de drainage faisant évacuer les déchets tissulaires. Un brossage à sec stimule l'expulsion des toxines logées à la surface de la peau et leur évacuation. Un tiers de tous les déchets de l'organisme est éliminé par l'épiderme via les glandes sudoripares (400 grammes par jour, dit-on).

De plus, toucher son corps stimule la production de substances cérébrales qui nourrissent notre sang, nos tissus musculaires, nos cellules nerveuses, nos glandes, nos hormones et nos organes vitaux. Sans ce contact physique stimulant la sécrétion desdites substances, nous pouvons ressentir un manque aussi grave que celui de nourriture.

Commencez votre journée par une séance de brossage et retirez-en un bénéfice pour votre cœur et votre esprit. Se brosser le corps est un rituel, une façon de s'aimer. Emportez votre brosse où que vous alliez. Faites tout ce qui est en votre pouvoir pour soigner votre corps. Quand vous savez ce que vous voulez, 90 % du chemin est fait.

La plupart des femmes vivent en mode de « survie ». Elles pensent : « Si je pouvais perdre 10 kilos..., si je n'étais pas autant stressée..., si j'avais moins d'insomnies..., si je trouvais l'homme de ma vie... » Elles se contentent de vivre, jour après jour, et non de manière créative comme elles l'avaient rêvé. Commencez par prendre soin de votre corps et beaucoup de choses changeront. Le brossage aide à créer un nouveau type de soins, à prendre de nouvelles habitudes, à avoir plus de tonus, à devenir conscient de son corps (régimes, maquillage, coiffure...).

Plus encore, il s'agit d'un traitement thérapeutique : la peau est un organe émotionnel qui garde, dans chacune de ses cellules, la mémoire des traumatismes. La médecine vient de découvrir qu'il existe un type de mémoire non seulement cérébrale, mais aussi cellulaire ; chaque cellule retient les faits, ressent des joies et des peines et réagit selon nos humeurs. Le docteur américain Christiane Northup, devenue très célèbre par ses recherches sur le sujet, explique que grâce aux massages, par exemple, les cellules peuvent se débarrasser de certaines blessures. Les bains et le brossage, eux aussi, aident donc à guérir.

Acceptez avec gratitude d'être en bonne santé, belle et sage, et cherchez chaque jour à vous améliorer.

Comment procéder au brossage

Chaque jour, brossez-vous entièrement le corps cinq minutes avant votre douche ou votre bain ou simplement avant de vous habiller ou de vous mettre au lit. Vous sentirez une merveilleuse sensation de petits picotements et vous vous endormirez immédiatement. Vous aurez brossé toute la fatigue de votre journée, et en même temps, vos problèmes.

1. Brossez.

2. Rincez (en prenant votre douche).

3. Faites-vous briller en vous séchant, tout en vous frictionnant avec une petite serviette rugueuse.

4. Massez-vous avec de l'huile (une demi-cuillère à café suffit pour tout le corps).

Lorsque vous vous brossez, commencez par les orteils (insistez sur les ongles), puis les pieds, les talons, les chevilles, les mollets, les genoux, les cuisses (tout autour), les fessiers, l'estomac, la poitrine, les côtes, les aisselles, l'arrière des bras, les épaules, les doigts (surtout les cuticules) et les mains, le cou et les oreilles (sans frotter trop fort, bien sûr !).

La petite serviette rugueuse s'utilise comme un outil. Essuyez-vous énergiquement par gestes circulaires, sans oublier les orteils. Concentrez-vous sur chacune des parties que vous brossez, et procédez toujours en allant des extrémités vers le cœur par mouvements circulaires.

Kit de soins corporels

Regardez-vous bien dans un grand miroir. Observez vos bourrelets, votre peau sèche, vos hématomes, vos callosités, vos taches, vos veines apparentes... toutes ces impuretés logées au creux de vos cellules. Moins en tout apporte beauté, liberté et puissance. Nos salles de bains devraient être des sanctuaires célébrant cette joie pure qui est de nous embellir. Débarrassez votre armoire de toilette de tous les produits chimiques et remplacez-les par ce qui suit :

• Une brosse de qualité pour votre corps, genre pur poil de sanglier ;
• Une petite serviette rugueuse pour le corps ;
• Un savon doux ;
• Un shampooing doux ;
• Une serviette pour les cheveux ;
• Une huile ;
• Une bouteille de vinaigre de pomme ;
• Un petit bol pour diluer le vinaigre, faire mousser le shampooing, préparer des masques ou faire tremper vos ongles ;
• Un peigne en bois.

La cellulite

En ce qui concerne le traitement de la cellulite, les crèmes vendues dans le commerce ne donnent aucun résultat. En revanche, de l'exercice et une alimentation saine seront concluants si vous avez de la volonté. Mangez beaucoup de fruits et de légumes crus. Évitez les produits industrialisés, buvez de l'eau minérale et évitez l'alcool (mauvais foie, mauvaise désintoxication). Marchez ou courez 45 minutes par jour. Brossez votre corps matin et soir. Une cellulite peut complètement disparaître après six mois d'efforts et de persévérance.

Partez en guerre : plongez-vous longtemps dans un bain chaud pour purifier et tonifier les tissus. Buvez du thé chaud avant le bain pour favoriser l'élimination. En ce qui concerne le régime, il n'est pas nécessaire de s'astreindre à un programme d'enfer. Il suffit d'éliminer certains aliments : les produits laitiers non écrémés, la viande rouge, les farines blanches, les sucreries, l'alcool, les épices, les aliments trop salés, les plats frits, la caféine et le tabac.

Lavez-vous les yeux et le nez

Saviez-vous que les Orientaux se lavent les yeux et le nez ?

Au Japon, je suis allée un jour me reposer dans un établissement thermal tenu par une vieille dame. Une fois que je fus sortie du bain, elle m'a demandé si je m'étais bien lavé les yeux. Devant mon air étonné, elle n'a pas attendu la réponse et est allée chercher une cuvette et un broc d'eau chaude de sa source. Elle a mis l'eau dans une petite cuvette en aluminium et m'y a plongé le visage, me recommandant d'ouvrir bien grands et de rouler les yeux, même si cela me piquait. Après trois ou quatre changements d'eau ils ne me piqueraient plus, promit-elle.

J'ai obéi, tenant les yeux ouverts et bloquant ma respiration pendant 30 secondes chaque fois, et alors... quelle surprise en relevant le visage ! J'avais l'impression de mieux voir, mes yeux étaient reposés et mon nez respirait un air plus frais que jamais !

J'ai appris par la suite que cette pratique est très courante, surtout chez les nonnes vietnamiennes pour qui la propreté corporelle est fortement liée à la pureté spirituelle.

Prenez des bains purificateurs

Comme je l'ai déjà dit, selon la tradition zen, le nettoyage physique et le nettoyage spirituel ne font qu'un. Beaucoup de hammams, par similarité, sont rattachés aux mosquées, lieux spirituels dont l'architecture invite à la contemplation. Profitez d'un moment de solitude chez vous pour prendre un bain. C'est une des rares occasions où vous pouvez rassembler vos sens ; une des expériences les plus riches pour purifier votre corps et votre esprit et pour vous rappeler à vous-même.

Après un repas trop copieux, buvez une tasse de thé chinois « Oolong », entrez dans un bain très chaud pour transpirer ; puis allongez-vous immédiatement pour continuer à éliminer par les pores ; prenez ensuite une douche tiède pour vous rincer. Le bain est essentiel à la santé. Il n'active pas seulement la circulation, il aide aussi à éliminer les toxines. Il faut toujours transpirer lorsque l'on prend un bain.

Une douche froide après un bain chaud est un vrai plaisir. Le contact de l'eau froide sur le corps chaud a pour effet de contracter les vaisseaux sanguins, d'éviter que le cœur se fatigue ; elle resserre, comme dans une trappe, la chaleur emmagasinée ; ce passage du chaud au froid régule la température du corps en contractant et dilatant le système vasculaire cutané. La circulation est ainsi activée, encourageant les organes à mieux éliminer.

Après le brossage du corps, les cellules mortes étant éliminées, le savonnage est inutile, sauf sur les parties qui transpirent le plus. Écoutez de la musique : les airs harmonieux encouragent le cerveau à sécréter une hormone connue sous le nom de ACTH (adréno-cortico-trophin-hormone) dont l'effet est de détendre et calmer.

Appréciez le contact de l'eau, écoutez son flot. Les Chinois pensent qu'elle est le véhicule de l'énergie, le ki. Buvez-en aussi beaucoup et réveillez-vous avec un grand verre d'eau tiède citronnée. La santé ne se limite pas à l'absence de maladies ; elle se définit par la possession et l'exercice de la vitalité. Une personne équilibrée trouve conviction, énergie et motivation dans sa vie. Nous avons autant besoin d'énergie « vitale » que d'aliments. Il faut veiller à ne pas faire de la santé un but en soi, mais rechercher la forme pour pouvoir vivre et travailler avec joie et entrain. Nombreux sont ceux qui sous-estiment l'importance du bain. Un bain quotidien est absolument nécessaire à la santé ; il stimule le métabolisme et dénoue les muscles contractés. Le bain est sacré au Japon comme en Corée et rares y sont ceux qui vont se coucher sans avoir accompli ce rituel. Cela explique peut-être pourquoi ces peuples ont une santé à toute épreuve.

Sans les clubs de sport

Créez votre propre programme

Vous n'avez pas besoin d'un programme d'exercices structuré pour faire du sport ou du yoga.

C'est à votre corps de choisir ce dont il a envie, selon les moments et selon sa condition. C'est pour lui que vous transpirez !

Lisez des revues, des livres, parlez à des spécialistes, suivez des cours de toutes sortes et puis créez, d'après ces différentes sources, un programme bien à vous. Une moyenne de quatre séances hebdomadaires d'une heure chacune est raisonnable. Il est également important d'alterner les exercices au sol, de plein air et aquatiques.

Assouplissez-vous, faites du yoga

> « Les gens devraient prendre soin de leur corps chaque jour, sinon ils se réveilleront un matin en découvrant que celui-ci ne leur obéit plus. Nous nous sentons bizarres lorsque nous ne sommes plus maîtres de notre corps. En ce qui me concerne, le fait de me " connecter " à mon corps m'aide à être plus en contact avec le vrai " moi " qui se trouve en lui. »
>
> Shirley MacLaine

La vie se caractérise par le flux, le mouvement. Nous devons nous assouplir pour nous sentir bien. Un saule plie et se balance dans le vent. Il participe à la vie avec grâce et beauté.

Marcher, nager, faire de l'exercice... notre mode de vie sédentaire est tel que nous ne faisons jamais travailler certains muscles de notre corps, ce qui laisse toutes sortes de toxines stagner dans l'organisme et provoquer un empoisonnement interne. Les muscles ont une fonction vitale. Quand vous les faites travailler, ils révèlent leur beauté naturelle. Un corps correctement musclé reflète de la vitalité même lorsqu'il est au repos. Ses postures sont justes et sans distorsion. Et lorsqu'il est en mouvement, il offre grâce et fluidité. Ses gestes expriment une présence. Un corps travaillé et soigné gardera ses qualités même jusqu'à un âge avancé. Être présent à part entière dans son corps nécessite introspection et culture : un entraînement de toutes les facultés mentales et physiques. Ce n'est pas seulement à travers l'esprit qu'un être peut parvenir à l'illumination. C'est aussi à travers son corps. On apprend beaucoup sur soi en recherchant la perfection, et cette quête est une des bases de toutes les disciplines orientales. Faites de l'exercice pour conserver un corps jeune et sain. L'exercice physique apaise l'anxiété, améliore l'apparence et apporte une sensation de contrôle de soi. Il devrait faire partie de notre vie quotidienne, au même titre que préparer ses repas ou se brosser les dents.

Chaque fois que nous faisons travailler nos muscles, nous leur apprenons à devenir plus forts. L'inactivité mène à l'atrophie, qui elle-même favorise obésité et dépression. La qualité d'une vie dépend du degré d'attention que l'on porte à ce que l'on fait, à ce que l'on pense, à ce que l'on choisit. Tout ce à quoi nous prêtons attention se développera.

Essayez de « sentir » votre cerveau dans vos jambes. Faire du sport vous aidera à « digérer » vos pensées. Votre corps se réveillera. Votre esprit aussi. Des idées fulgurantes surgiront peut-être pendant un exercice.

Ne faites pas du sport ou du yoga dans le seul but de perdre du poids. Faites-en pour le plaisir, comme lorsque, enfant, vous couriez sur la plage. Recherchez une sensation de plaisir, d'énergie. Les femmes qui pratiquent une activité physique semblent avoir moins de problèmes et de stress que les autres. Elles sont aussi plus positives.

Le yoga, en particulier, embellit les êtres. Il ne s'agit pas là d'une beauté uniquement physique, mais d'une lumière, d'un charisme, d'une sorte d'aura.

Cultivez le réservoir de vie qui est en vous. C'est lorsque vous êtes détendue que vous pouvez le mieux travailler, et cela sans gaspiller votre énergie. Essayez de délier ce corset de tensions qui vous raidissent. Cette démarche est indispensable si vous voulez devenir libre, y compris de vous-même.

Le yoga est aussi source de santé. Il stimule l'énergie et développe nos facultés de concentration et d'équilibre. Il doit être pratiqué régulièrement mais il procure de grandes joies. Quinze minutes « concentrées » chaque jour apportent beaucoup.

Les tensions physiques et mentales sont des dépenses en énergie. Lors de chaque étirement, prenez du plaisir à sentir votre corps et l'énergie qui s'en dégage. Chassez toute pensée parasite et concentrez-vous sur la partie du corps que vous êtes en train d'assouplir. Arrêtez les exercices et vous réaliserez alors combien ils vous apportaient de bienfaits.

Un yogi peut transmuer tout ce qui est dans l'Univers en une énergie positive. Éveillez en vous cette énergie latente en purifiant votre corps et en concentrant vos forces mentales. Intelligence et sagesse augmenteront. Vous pourrez alors combattre toutes sortes de tendances négatives et devenir plus positive.

Prenez des cours d'initiation pendant quelques mois ou quelques années, et ensuite vous serez capable de faire seule les postures. Un tapis, un collant, un miroir de plain-pied, de la musique douce... et vous voilà dans la bulle magique de votre propre univers. Vous vous sentirez différente du reste du monde et votre apparence même changera. Ce qui paraît impossible de prime abord devient souvent réalisable après quelques semaines de pratique, comme quand vous apprenez une langue ou un instrument de musique.

Faites vôtre la discipline

Le corps est le reposoir des connaissances et des techniques. Revenons à la cérémonie du thé : elle se concentre sur l'apprentissage des formes. Grâce à cette discipline, l'adepte peut se libérer du confort matériel et de la paresse physique. Il se trouve dans un état de parfaite tranquillité. Nous pouvons aussi consacrer de façon régulière et déterminée une partie de notre emploi du temps à la méditation, à la lecture, à la musique ou à la marche. Ces disciplines devraient être auto-imposées et pratiquées avec plaisir et conviction.

En Occident, la discipline évoque la peine, l'effort, la souffrance. En Asie, elle est comprise a priori comme un bienfait pour le corps, le mental et l'esprit. Pendant la Renaissance, certains génies ont élevé cette technique de la répétition et de l'exercice au rang de la création comme la peinture ou la sculpture. C'est ce que l'on appelle la culture de la main et de l'esprit.

Imiter est important dans l'apprentissage de nouvelles facultés. Puis cela vient un jour. « Faire semblant » précède « faire ». Nous pouvons alors être nous-mêmes. Il y a mille façons de se parfaire et donc de rayonner encore un peu plus en mettant la discipline au service de la beauté !

5 minutes de discipline concentrée peuvent donner de meilleurs résultats que 45 minutes en dilettante. Tous ceux qui n'en connaissent pas la force et les bienfaits ne peuvent comprendre les bénéfices que l'on en retire. Imposez-vous de petits efforts, rien que pour vous : manger très peu, vous lever à l'aurore, prendre une douche froide, accepter certaines difficultés. Faites que ces pratiques appartiennent à votre mode de vie. Vous aurez ainsi plus de force de caractère et d'endurance pour ce qui est essentiel. La pénombre, le calme et la paix des petits matins contribuent à faire de ces austérités des rituels souverains.

Entraînez-vous à la perfection

> « La perfection ne consiste pas à faire des choses extraordinaires, mais à faire des choses ordinaires de façon extraordinaire. »
>
> Dicton japonais

Une des solutions à l'ennui est de faire les choses de façon rituelle. On peut tout accomplir de manière esthétique, même les corvées.

Choisissez une occupation solitaire, comme laver les sols, récurer des casseroles, marcher en forêt, prendre un bain ou faire de l'exercice. Essayez de vous donner complètement à ces activités et exécutez-les consciencieusement, jusqu'à leur aboutissement complet. Ne vous pressez pas, ne pensez à rien d'autre. Contentez-vous de ne faire qu'un avec cette activité, ici et maintenant. Redécouvrez la richesse d'une action où les gestes ont l'air de faire partie de votre être, et apportez-y autant de fraîcheur et d'intérêt que si c'était la première fois.

Entraînez votre capacité à rester concentrée sur tout ce que vous faites. Essayez toujours de vous surpasser, de faire encore mieux que la fois précédente. Devenez consciente de tout ce que vous touchez. Accomplissez vos ablutions matinales comme si c'était un exercice ; procédez avec ordre. Tant de choses nous restent à apprendre...

Le metteur en scène japonais Ozu nous montre dans ses films comment respecter chacune de nos tâches, chacun de nos gestes, même les plus insignifiants. Au moment d'accomplir un geste, aussi banal soit-il, ses personnages s'absorbent complètement dans ce qu'ils sont en train de faire ou de dire, repoussant entièrement toute autre préoccupation. Leur présence prend tout son sens et les activités quotidiennes sont vues et vécues comme un équilibre de formes. Le corps, alors, est compris comme une entité.

Afin de « fluidifier » vos gestes, veillez à ne posséder que des objets fonctionnels et esthétiques. D'eux aussi dépend votre grâce. Agissez avec lenteur, respect, mais entraînez-vous également à la rapidité.

Vous pouvez approcher chaque instant comme une opportunité de découverte.

3

Mangez moins mais mieux

Les excès de l'alimentation

Grossir, c'est mourir un peu

« Grossir, c'est mourir un peu. C'est renoncer à l'élégance, au plaisir, à la grâce, à la sveltesse et jusqu'à sa vraie physionomie. C'est perdre la santé elle-même. Le développement excessif de l'embonpoint paralyse en effet le fonctionnement des organes essentiels (cœur, foie, reins...), comme il gêne les mouvements, déforme le corps, alourdit la démarche, interdit toute activité.

Grossir, c'est dire adieu aux joies. C'est enlaidir et vieillir avant l'âge.

Maigrir, c'est rajeunir. C'est recouvrer la silhouette d'autrefois. C'est renaître au bonheur de la vie. »

Article trouvé dans une revue féminine de 1948

Il n'y a pas de santé sans conscience. Nous vivons dans des sociétés de surnutrition, avec de plus en plus de problèmes d'obésité, qui est une maladie des accumulations : accumulations des sensations, de la nourriture... On veut toujours plus, ce qui génère du stress, première cause de mortalité. Les premiers facteurs de la maladie sont liés aux erreurs de l'intelligence humaine.

Ce ne sont donc pas les maladies qu'il faudrait soigner, mais les gens.

Trop ou trop peu, trop tôt ou trop tard, voilà les raisons de la maladie ou de la guérison.

Pour obtenir un équilibre naturel, il faut éliminer les toxines physiques et mentales.

S'aimer est la seule façon de maigrir

Plus qu'avec mari, enfants, amis... la relation d'une femme avec son corps est intime. C'est grâce à lui qu'elle existe, sent, donne, nourrit. Si ce corps ne va pas, il est à peu près certain que rien d'autre n'ira. À moins d'exalter son amour-propre de mille et une petites façons, on ne peut maigrir. La diététique est une philosophie, une sagesse. Bien vivre, c'est chercher un sens à tous les moments de la vie et moins manger est une des façons prépondérantes de simplifier sa vie. Les conseils qui suivent ne doivent être appliqués que si vous n'avez pas de problèmes particuliers de santé. Ils ne sauraient en aucun cas remplacer ceux d'un médecin, mais ils sont donnés d'après les expériences que j'ai faites moi-même et qui me paraissent sensées. Je crois en toute honnêteté qu'il n'existe pas de régime unique. Le régime universel amincissant est de supprimer les pensées négatives : il est en effet impossible de jouir d'une bonne santé et d'évoluer positivement si l'on ne ressent ni amour ni joie.

À corps léger, vie légère

> « La maladie la plus grave est le mépris de notre corps. »
>
> Montaigne

Soignez votre corps. Sortez, souriez. Offrez-vous des bains parfumés, des vêtements beaux et confortables. Redécouvrez combien il est merveilleux et simple de bouger, de s'étirer, de marcher, de danser... Aimez vous battre pour votre équilibre. Pour libérer son corps, il faut le discipliner. Pour rester mince, il faut manger frugalement. Efforts et résultats apportent une satisfaction indescriptible.

Une alimentation de mauvaise qualité peut avoir de graves conséquences, nous privant peu à peu de toute notre énergie.

Allégez vos repas et vous allongerez votre vie. Manger peu est la règle d'or. Si cette règle n'est pas respectée, même les aliments de la meilleure qualité ne pourront être correctement assimilés par l'organisme.

Une alimentation de faible valeur nutritive entraîne manque d'énergie, visites chez le médecin, achat de médicaments ; cela coûte une fortune. Les études sont moins brillantes, les idées moins claires, carrière et vie moins pleines. Une alimentation trop riche exige des efforts constants de l'organisme pour digérer et assimiler. Les toxines non éliminées sont la cause des rhumes, des rhumatismes, de l'arthrite, de la sclérose, du stress, des cancers...

Si les gens sont raides, c'est parce que leurs jointures sont encrassées. Un bébé est souple car il n'a pas encore ingurgité de toxines. Toux, comédons, coudes rugueux, cors, boutons, excroissances cutanées : voilà les symptômes qui indiquent que le corps essaie de se débarrasser de ses impuretés. Quand ce dernier est pollué, ce qui est le cas pour la plupart d'entre nous, il n'utilise que 35 % de la nourriture que nous lui donnons. Quel gâchis !

Dites adieu à la graisse

Un corps trop lourd fatigue les articulations des genoux, des hanches, de la colonne vertébrale, et les excès finissent par perturber le système qui régule les niveaux de sucre et de graisse (diabète, cholestérol...).

L'embonpoint apparaît quand il y a trop de graisse dans le corps par rapport à la masse musculaire. Si vous êtes musclée, vous brûlerez donc vos graisses plus rapidement.

Les calories « vides » (sans apport nutritif, telles que le sucre ou les farines blanches) bloquent le métabolisme, d'où un stockage sous forme de graisse.

Viandes et charcuteries contiennent des graisses qui se déposent dans le corps en quelques heures et ne peuvent être brûlées. Ces graisses passent d'abord dans le foie, puis celui-ci les fait circuler dans le sang qui les dépose à son tour dans certaines parties du corps ; là, la température baisse. Vérifiez vous-même : les parties de votre corps les plus rondes sont plus froides que les autres. Donc, plus une personne a de graisse, plus elle a froid et moins elle peut brûler de calories. La graisse ralentit aussi la circulation.

Dans la catégorie graisse, seules les huiles de qualité et les graisses de poisson qui, au contraire des graisses animales, ont des propriétés anticancérigènes, sont indispensables à la santé.

Dans le temps, les gens vivaient sur leurs réserves jusqu'à ce que la terre les nourrisse à nouveau. De nos jours, nous mangeons trop et mal.

Perdez de la graisse et vous direz adieu aux migraines, aux douleurs lombaires, à la fatigue et à l'apathie. Peu manger permet de garder le tube digestif propre et d'accélérer le fonctionnement de la combustion des déchets. Se libérer, c'est résister aux tentations.

Je vous recommande la lecture des œuvres du merveilleux docteur Catherine Kousmine à ce sujet [1].

Les repas : sobriété et raffinement

Le bol en bois

L'idéal, en matière de diététique, est de prendre une variété limitée d'aliments par repas. Les nutriments sont alors plus facilement assimilés et digérés.

Certains peuples restent en excellente santé jusqu'à un âge très avancé grâce à leurs habitudes alimentaires. Les habitants de l'Himalaya se nourrissent de riz, de deux ou trois petits poissons grillés à la cendre et de quelques légumes de leur jardin. En Chine, les centenaires vivent de bouillies de maïs broyé à la pierre, agrémentées d'un ou deux légumes sautés au wok.

---

1. Notamment *Soyez bien dans votre assiette jusqu'à 80 ans et plus*, Libre Expression, Québec, 1994.

Pour mes repas quotidiens, j'utilise un beau bol en bois. Il représente le volume de nourriture qui me suffit physiologiquement (on dit que l'estomac a la grosseur de notre poing) et me permet de limiter mes choix : un peu de riz, une cuillère à soupe de légumes verts, un petit morceau de poisson (ou un œuf, du tofu...) assaisonnés de sésame, d'herbes et d'épices ; une soupe consistante en hiver, une salade composée en été.

Les Orientaux, excepté les jours de fête, se contentent souvent d'un bol de riz, de soupe ou de pâtes pour leur repas.

Le bol en bois est symbole de pauvreté, de frugalité chez ces mystiques qui vivent en accord avec leurs idéaux et leur éthique. Contestation muette contre les excès et l'opulence de nos sociétés aux dépens de millions d'autres êtres humains que nous exploitons.

Mangez beau dans un bel environnement

Quand un plat est parfait et bien présenté, pris dans un cadre enchanteur, vous n'avez pas besoin de grosses portions pour vous sentir satisfait. Quelques bouchées suffisent. La qualité nous nourrit de tant de façons... !

Bien vivre signifie trouver un sens à chacun des moments de sa vie. Si vous mangez dans un endroit laid, vous compenserez votre besoin de beauté par un excès de nourriture. Parez-vous pour vos repas : changez de tenue, recoiffez-vous, rafraîchissez-vous. Vous vous sentirez mieux dans votre corps et vous mangerez moins. Essayez aussi de servir les repas le plus esthétiquement possible : pas sur un coin de table dans la cuisine ! Évitez tout ce qui est en plastique ou en papier. Si vous bannissiez ces deux matières de votre table, votre vie n'aurait plus le même aspect. Les Japonais des générations précédentes ne connaissaient que les céramiques faites à la main, le bois et le laqué et c'est, je crois, ce qui les motivait à servir le moindre morceau de navet avec un sens de la beauté inégalable. Depuis la guerre et le développement de l'industrie de masse, les enfants grandissent dans le monde du plastique et ne distinguent plus les matériaux nobles des autres. Le plastique ne devrait avoir sa place que dans le réfrigérateur. Des détails futiles, me reprochera-t-on, mais c'est grâce à ces détails que nous pouvons enrichir notre vie au quotidien. Ce sont aussi ces détails qui nous rappellent que vivre est un plaisir. La satiété ne dépend pas de la quantité, mais de la qualité : celle de la nourriture, celle de l'environnement et celle de notre esprit.

Les esséniens du désert prenaient, dit-on, un bain avant leurs repas, puis se rassemblaient dans de petits sanctuaires après avoir revêtu des habits de cérémonie. Ils ne se servaient qu'une seule fois et mangeaient dans de petits bols.

Si vous servez à vos invités quelques asperges, un poisson grillé et du bon pain complet sortant du four, suivi d'un fromage fait à point, ne vous excusez pas de la simplicité de votre repas : nos sociétés ne connaissent plus assez les plaisirs d'une alimentation saine. Nous habillons trop nos aliments parce qu'ils ont justement trop été « déshabillés » et qu'ils n'ont plus leur saveur naturelle.

Nous devrions par exemple prendre modèle sur l'hygiène alimentaire de ce groupe religieux, les « Sept Adventistes ». Leur religion leur interdit formellement d'avaler le moindre aliment ayant été traité chimiquement et tout doit être 100 % biologique. Inutile de préciser qu'il y a peu de malades dans leurs communautés...

Les Shakers, eux aussi, vénéraient ce suprême luxe que sont des repas composés de produits extrêmement frais (qu'ils cultivaient eux-mêmes) et ils n'utilisaient comme assaisonnement que des herbes. Ils n'étaient pas loin de notre « nouvelle » cuisine !

Mangez avec lenteur et délicatesse

Il n'est pas besoin de compter les calories, de se priver, ni de dépenser des fortunes dans les « médicaliments ». Ce sont là des symptômes de comportements compulsifs. Non, ce qu'il faut, c'est rester conscient, veiller à ce que l'on pense et à ce que l'on ressent.

Bien manger signifie manger avec délicatesse, lenteur, et respect de la nourriture et du corps. Contrôler sa façon de manger, c'est contrôler son poids. Respirez avant de prendre une bouchée. Expirez le stress et la négativité. Déguster et manger lentement vont de pair.

Ce dont nous avons besoin dans une journée se résume à trois poignées de légumes, deux fruits, six portions d'aliments de consistance (pain, riz ou pâtes), une petite quantité de protéines (poisson, tofu, œufs ou viande) et quelques légumes secs (haricots, lentilles, pois) deux fois par semaine. En règle générale, 200 g de riz, pain, pâtes, 100 g de protéines (poisson, viande, tofu) et de légumes. Le tout n'excédant pas le volume du poing de la main ou d'un pamplemousse. Avec des bases d'une telle simplicité, le temps passé à cuisiner sera écourté, sauf pour les occasions spéciales, et les jours de fête.

Dans le Japon ancien, la cuisine était un endroit sacré, un lieu fait pour préparer des mets destinés à l'avancement spirituel. Chez les Japonais, les repas sont créateurs de vie et de pensées. Même de nos jours, le seul aliment qu'ils consomment à satiété est le riz, toujours servi à la fin du repas. Pour le reste, ils dégustent, savourent, picorent du bout de leurs baguettes, sachant que le véritable sens de ce qui est bon, la richesse de ce qui n'est que discrètement indiqué ne se découvrent que dans une certaine ascèse.

La batterie de cuisine

Se nourrir, ce n'est pas seulement manger. C'est aussi préparer, cuisiner, présenter, recevoir... et nourrir son âme. Abandonnez-vous au plaisir de laver les légumes, de les couper, de les mettre à la vapeur... Choisissez de bons ustensiles de base, gardez votre cuisine immaculée et faites travailler votre imagination.

MON KIT DE BASE

- Un bon couteau bien affûté ;
- une planche à découper ;

- un verre doseur servant aussi de bol à sauces ;
- un petit gril en plaque (facile à sortir et à ranger) ;
- un petit fait-tout pour le riz et les plats mijotés ;
- un wok et un panier de bambou pour les cuissons à la vapeur ;
- une passoire ;
- une râpe à multiples fonctions ;
- trois casseroles encastrables à poignée amovible ;
- trois bols ultralégers pour travailler les ingrédients ;
- une douzaine de torchons de cuisine blancs ;
- une paire de ciseaux de cuisine ;
- un moule à tarte en Pyrex ;
- un moule à cake en Pyrex ;
- spatules, louches...

Placez tous ces ustensiles sur une étagère au-dessus de l'évier de façon à tout avoir sous la main quand vous cuisinez. Évitez les pas et les gestes inutiles et nettoyez au fur et à mesure que vous salissez. La cuisine devrait être impeccable avant que vous ne passiez à table.

Quelques rappels de diététique pour « é-li-mi-ner »

Des intestins propres

Au XIXe siècle, dès qu'un malade allait voir le médecin, celui-ci lui recommandait d'abord des lavages d'estomac. On a longtemps ri de ce genre de pratique mais ces méthodes redeviennent à la mode sous des formes plus modernes et pourtant identiques. Seulement, elles sont, de nos jours, appliquées en instituts de beauté et dans des buts préventifs ou esthétiques (perdre du poids, avoir une plus belle peau...). Ne négligez pas la constipation. Elle a pour résultat d'empoisonner le sang et peut mener à des maladies graves. Les bactéries se logent dans le côlon, des polypes apparaissent, puis le cancer.

La constipation est souvent chronique pendant les voyages ou les déplacements. Colère, stress, anxiété empêchent également un bon fonctionnement des intestins. Le cerveau envoie, par ses cellules, un signal qui anesthésie le fonctionnement des viscères. Les intestins fonctionnant mal se déforment, se bloquent, leurs parois accumulent des matières fécales qui durcissent ; il en résulte maux de tête, œdèmes des jambes, cellulite, hémorroïdes, etc.

Veillez, dans votre alimentation, à introduire protéines et fibres afin de construire vos selles. Certains médecins recommandent 30 grammes de fibres par jour, sous forme de pain ou riz complet, haricots, algues (le *kanten* en particulier, que l'on peut trouver dans n'importe quelle bonne boutique de produits diététiques, utilisé pour faire les gélatines, est excellent), patates douces, pruneaux trempés, fruits et légumes frais...

Mais l'effet de ces fibres restera nul si vous mangez trop ou des aliments gras. Les aliments gras ou acides (sucre, alcool, farines blanches, viande, composants chimiques...) neutralisent la digestion qui reste incomplète, d'où la putréfaction.

Ce n'est pas l'estomac qui digère, mais l'intestin. Mastiquez bien afin que les sucs présents dans la salive prédigèrent vos aliments et allégez vos repas du soir pour soulager votre foie. La nuit est la phase d'élimination et de nettoyage de votre organisme. Le corps tombe malade pendant le jour. La nuit, il jeûne. Il faut l'obliger à puiser dans ses réserves. Les tissus libèrent alors leur acide.

Une cure magique pour neutraliser l'acidité est celle du citron. Pendant 21 jours, prenez des jus de citron additionnés d'eau tout au long de la journée à raison d'un citron le premier jour, deux le deuxième, trois le troisième, etc., jusqu'au onzième jour, puis régressez d'un citron par jour jusqu'au 21ᵉ jour. Ingérer tant de citrons paraît excessif, mais en fait, s'ils sont pris en plusieurs fois, cette cure n'est pas trop déplaisante et se révèle presque miraculeuse, surtout pour les gens souffrant de diabète. Achetez du papier en pharmacie pour doser votre pH à la deuxième urine du matin et vérifiez vous-même les résultats !

Souvenez-vous aussi que les céréales, même si elles sont complètes et d'excellente qualité, n'en restent pas moins acides dans le système si elles sont prises en trop grandes quantités. Attention donc de ne pas en abuser.

En cas de constipation en particulier et de fatigue en général, évitez de consommer trop de viande rouge, d'œufs, de crustacés, de condiments et d'alcool. Ce sont des aliments de composition acide qui fatiguent votre organisme et affaiblissent vos défenses immunitaires.

Le jeûne : une longue tradition

La pratique du jeûne existe depuis des temps très anciens, pour des raisons à la fois diététiques et spirituelles. Le jeûne ne prive pas le corps des éléments essentiels à sa santé. Il existe même dans le monde animal. Il est un rite dans de nombreux pays et ne coûte pas un centime.

Après un jeûne, le corps a besoin de moins de nourriture et se contente de petites portions. Vous sentez vos os et avez plus d'énergie. Vous travaillez avec plus d'entrain et les problèmes vous paraissent moins graves. Le corps et l'esprit semblent cesser de constamment vouloir, réclamer, désirer, jalouser, convoiter, envier…, tous ces sentiments qui mènent à la négativité. Un jeûne aide à revenir à une hygiène alimentaire plus équilibrée. L'esprit n'est plus embué. Nous pourrions vivre avec le tiers de ce que nous mangeons !

Préparatifs psychologiques au jeûne

De petits jeûnes successifs sont plus faciles psychologiquement et matériellement qu'un jeûne de plusieurs semaines qui réclame en outre une certaine habitude. En effet, jeûner est une pratique qui se « travaille ». Commencez par un jeûne d'une demi-journée puis de 24 heures, puis de 48 heures, pendant un week-end calme ou une période de vacances. Si vous voulez entreprendre un jeûne plus long (une vingtaine de jours maximum), ne le faites pas sans prendre conseil auprès d'un diététicien ou d'un nutritionniste. Quelques mini-jeûnes, un jour par semaine, ou deux jours consécutifs par mois, devraient faire partie de notre hygiène alimentaire.

Jeûner nécessite détermination, conviction et responsabilité de ses actes. Les toxines venant des aliments, de l'alcool, du tabac, du stress... peuvent ainsi être évacuées des cellules où elles se logent.

Avant de commencer, sachez qu'il est plus mauvais d'interrompre un jeûne en cours que de ne l'avoir jamais entamé. L'estomac s'est rétréci et ne produit plus de sucs gastriques ; donc si vous recommencez à manger sans vous y être préparée, vous ne pourrez pas digérer ces aliments.

Pendant le jeûne, buvez, allez au soleil, faites de l'exercice et évitez les problèmes. Préparez votre jeûne comme un rite et anticipez les joies et les bienfaits qu'il vous procurera. Un jeûne ne saurait être bénéfique si vous vous forcez et si vous ne le faites que pour perdre du poids. Rappelez-vous qu'il apporte d'abord de l'énergie, nettoie le corps et améliore le moral.

Il faut se préparer psychologiquement pour jeûner. Au début, essayez de jeûner un week-end trois ou quatre fois par an et faites le « ménage » dans votre organisme.

Le jeûne est inutile s'il n'est pas entrepris dans un esprit de retenue et de respect du corps. Son succès dépend essentiellement de votre état d'esprit au moment où vous le démarrez.

Pendant un jeûne, buvez beaucoup d'eau minérale. L'eau aide à éliminer les toxines des tissus adipeux brûlés. Offrez-vous un joli gobelet et faites-vous livrer deux caisses d'eau gazeuse. Progressivement, l'appétit disparaîtra ; alors que si vous preniez des jus de fruits, l'estomac serait encore stimulé et réclamerait de la nourriture.

En temps normal, le palais est constamment « titillé » par la nourriture, savourant encore le dernier repas ou anticipant le prochain. Quand rien n'est consommé, toute mémoire sensorielle a disparu et le jeûne devient un plaisir. Mais seulement si c'est un jeûne complet.

Le corps commence alors à vivre de ses réserves et à éliminer le superflu. Jeûner aide le corps à brûler son excès en graisses et à éliminer les toxines. Il désintoxique le corps, faisant se dégrader en premier les toxines et les tissus malades. L'économie d'énergie réalisée au niveau digestif aide le processus d'épuration et extrait les toxines des parties les plus profondes de la cellule, les expulsant graduellement. De nouveaux tissus commencent à se reformer et le nettoyage commence. Pendant le jeûne, le corps se nourrit de lui-même tout en brûlant ce qui est toxique. Il est donc d'un grand secours à la santé et guérit sensiblement l'arthrite, les rhumatismes, les colites, l'eczéma et bien d'autres maladies. En Inde, les médecins commencent le traitement des cancers en demandant à leurs patients de jeûner. Hippocrate nous avait déjà avertis depuis longtemps que « c'est en se nourrissant qu'on nourrit ses maladies ».

Pendant et après le jeûne

Commencez par prendre un laxatif végétal (sans risque d'accoutumance). Cela vous aidera à ressentir les premiers effets de votre nettoyage. Puis, vers midi, si vous commencez à ressentir une petite faiblesse, prenez une douche froide et faites-vous un massage. Rappelez-vous que vous vivez maintenant de votre lard. Marchez 3 heures par jour. Vous serez surprise de constater l'énergie gagnée à laisser son estomac se reposer quelque temps. Certaines peuvent penser : « Rien dans le ventre et la force de marcher 3 heures par jour. » Mais oui ! Si vous éprouvez des difficultés au début, rappelez-vous votre promesse : aller à « pas menus », commencez par 15 minutes, une demi-heure le lendemain, une heure le surlendemain.

Ces petites conquêtes sur vous-même vous donneront confiance et foi pour de futures batailles. Ne voyez pas trop loin à l'avance : le seul fait de penser à la nourriture peut déclencher la faim. Efforcez-vous donc de penser à autre chose : anticipez le plaisir de porter des vêtements plus seyants, d'avoir plus de contrôle sur vous-même, de vous mouvoir dans un corps plus léger avec une démarche plus souple, de moins souffrir de petits maux...

Revitalisez-vous de toutes les façons possibles : lisez, méditez, écoutez de la musique... Ne restez pas au lit. Plus vous vous occuperez, mieux cela sera.

La période « post-jeûne » est aussi importante que le jeûne lui-même. Ne revenez pas à vos anciennes habitudes alimentaires, surtout de façon brutale. Le premier jour après le jeûne, prenez des jus de fruits coupés d'eau et le soir un jus de fruits entier. Le deuxième jour, des fruits et le soir un yaourt et une salade. Le troisième jour, enfin, recommencez à consommer des céréales en petites quantités (par exemple 1 tranche de pain complet à midi, et une autre le soir, accompagnées d'une salade ou d'une soupe). Mâchez autant que possible et mangez lentement. Quelques bouchées suffisent pendant les premiers repas. Vous pouvez revenir à une nourriture normale vers le quatrième jour.

Jeûnez pour...

- Perdre du poids (c'est le moyen le plus rapide) ;
- Vous sentir mieux physiquement et moralement ;
- Avoir l'air et vous sentir plus jeune ;
- Laisser reposer votre organisme ;
- Nettoyer votre organisme ;
- Améliorer votre digestion ;
- Avoir le regard plus clair ;
- Avoir une peau plus belle ;
- Avoir une haleine fraîche ;
- Réfléchir plus vivement ;
- Reprendre de meilleures habitudes alimentaires ;
- Avoir plus de contrôle sur vous-même ;
- Ralentir le processus du vieillissement ;
- Normaliser votre taux de cholestérol ;
- Remédier à l'insomnie et aux tensions ;
- Vivre avec plus d'intensité ;
- Apprendre à votre corps à ne consommer que ce dont il a besoin.

Un adepte du jeûne

J'ai rencontré un Américain âgé de 60 ans qui fait 3 kilomètres de marche par jour et dont le conseil favori est : « Moins entraîne plus ».

Il jeûne un ou deux jours par semaine et sept jours d'affilée au début de chaque saison. Pendant ses journées de jeûne, il se limite à un jus de fruits qu'il sirote tout au long de la journée, et qu'il concocte de la façon suivante :

- 6 oranges ;
- 3 pamplemousses ;
- 2 citrons ;
- une quantité d'eau minérale égale à celle des jus de fruits.

Réapprenez la faim

Ne mangez que lorsque vous avez faim

Adoptez un rythme de vie vous convenant. Prenez des aliments qui satisfont votre corps (poisson, légumes et fruits frais, herbes aromatiques, huiles de qualité ; une ou deux fois par semaine, 100 grammes de viande grillée) et non votre gourmandise ! La plupart des gens mangent parce qu'ils sont anxieux ou qu'ils s'ennuient. L'obésité résulte de la difficulté à affronter les problèmes de la vie. Stress et vitesse sont les deux ennemis de notre civilisation. Quand nous vivons trop vite et trop « dur », certains de nos tissus cellulaires se dégradent eux aussi plus vite. Apprenez à prendre votre temps, à ne pas être stressée, à savoir dire non et à préparer de beaux plats simples. Entraînez-vous aussi à éliminer tout ce qui est négatif. Les aliments ne sont pas nos ennemis, mais au contraire nos meilleurs médecins.

Mangez quand vous avez faim.

Savourez pleinement chaque bouchée.

Arrêtez de manger lorsque vous n'avez plus faim.

Dans le meilleur des mondes (diététiquement parlant...), nous suivrions la sagesse des animaux et ne mangerions que lorsque nous avons faim, et non pas à des heures fixées arbitrairement. Les bébés ont besoin de six « mini »-repas par jour, espacés de 3 ou 4 heures. L'idéal serait donc de prendre une petite quantité de nourriture toutes les 3 ou 4 heures.

Apprenez à ne manger que lorsque votre estomac a faim ; non parce que c'est l'heure de se mettre à table, que vous vous ennuyez seule dans votre cuisine, fatiguée entre deux corvées, désireuse de vous « récompenser » après un travail stressant, bleue de dépression, verte de colère ou jaune de jalousie.

Tout cela semble simple, mais demande une prise de conscience pour exercer ses muscles cérébraux atrophiés à force d'avoir été mal utilisés. Il faut d'abord identifier la sensation de « faim », puis celle d'avoir « assez » mangé. Il faut aussi apprendre à distinguer ce que votre corps voudrait manger de ce que vos envies vous dictent. Lorsque vous voyez un gâteau qui vous tente, essayez de vous poser la question : « Est-ce que je préfère le gâteau ou un corps dans lequel je me sens bien ? » Et enfin, apprendre à vraiment goûter la saveur des aliments. Le corps est un instrument réglé avec une extrême précision, un instrument qui aime que l'on s'occupe de lui. Il possède un système autorégulateur qu'il suffit de savoir activer.

La faim vient un jour, et pas le jour suivant. Le corps et ses exigences varient selon de nombreux facteurs. Si nous ne savons pas à quelle heure nous aurons besoin de nous vider les intestins, nous ne savons pas plus à quelle heure la faim nous prendra. Il y a des jours où une seule collation vers 16 heures suffit, d'autres où la faim se déclare au réveil. Alors pourquoi plier son corps à des horaires ? Cette liberté de ne manger uniquement que quand vous le désirez vous donnera aussi celle de refuser toute alimentation quand vous ne le voulez pas.

Les degrés de la faim

1. Absolument affamée (à éviter, car vous vous ruerez sur n'importe quoi).

2. Trop affamée pour vous soucier de ce que vous mangez.

3. Sérieusement affamée : il vous faut manger tout de suite.

4. Modérément affamée : vous pouvez encore attendre.

5. Légèrement affamée : vous n'avez pas vraiment faim.

6. Satisfaite, détendue après avoir mangé.

7. Un peu mal à l'aise, lourde avec l'envie de dormir.

8. Franchement mal à l'aise, mal à l'estomac.

9. Douleurs.

La taille réelle de votre estomac correspond à ce qu'il peut prendre pour être rassasié.

Mais ne restez jamais longtemps sur votre faim : l'estomac sécrète alors des sucs acides qui l'abîment et produit de l'insuline qui ne sera pas brûlée. Résultat ? Un surplus de graisses !

L'appétit qui nous pousse à manger une à trois fois par jour (pour ne pas dire plus...) ne correspond pas au besoin de remplacer des réserves épuisées. Un apport en nourriture ne serait vraiment nécessaire qu'une fois tous les deux ou trois jours. Nous mangeons parce que nous avons besoin de changer de rythme physiologique, de sentir notre moi. Il est bien connu que seule la première gorgée de café est la meilleure... Les soi-disant « petits creux » ne sont que de simples contractions ou spasmes gastriques. Beaucoup de ce que nous croyons être des « p'tits creux » ne sont en fait que des désirs de réconfort, d'amour ou de beauté pour pallier le stress, la fatigue, la tristesse ou l'ennui.

Il est très déstabilisant de manger lorsque l'on n'a pas faim. Habituez-vous à éviter d'agir ainsi. Cela demande efforts, concentration et engagement personnel. Commencez dès demain matin à « attendre » sa majesté la Faim et réjouissez-vous de cette perspective. Votre estomac ne manquera pas de vous faire signe dès son arrivée.

Certes, il n'est pas facile d'appliquer ces conseils lorsque l'on est soumis à certains horaires, mais un peu d'ingéniosité et de prévoyance peut faire des miracles : se préparer des petites collations « diététiques » comme une boulette de riz garnie de thon et concombre dans une feuille de salade, un sandwich de pain complet avec une demi-tranche de jambon, une banane, etc.

Un petit truc : lorsque vous avez vraiment envie de grignoter quelque chose mais sans faim, prenez une petite cuillerée de chutney dans la bouche et laissez-la fondre en essayant d'identifier les cinq goûts qui, selon certains, seraient ce que nous recherchons : sucré, salé, acide, amer et aigre.

Nous avons plus souvent faim dans notre tête que dans notre corps !

Les boissons

Saviez-vous qu'une canette de boisson « douce » contient à elle seule l'équivalent de douze morceaux de sucre ?

Manger trop salé entraîne une envie de sucre. Et manger trop sucré à nouveau une envie de sel. Ensuite nous avons soif... Pour réguler sa soif, il faut donc d'abord éviter tout ce qui est trop salé ou trop sucré.

La prise de trop grandes quantités de liquides entraîne le corps à une perte de calcium et de vitamines qu'il s'est fatigué à emmagasiner après de nombreuses opérations chimiques, et qui sont gaspillées lorsque l'on transpire ou que l'on urine trop. La température du corps s'abaisse et il a moins d'énergie. Cette perte de calcium entraîne tassement des vertèbres et fatigue.

Boire pendant les repas est donc une erreur; mais mettre le couvert sans verres ferait hurler bien des gens. « Et le vin? » me dira-t-on. Mais est-il nécessaire de boire de l'alcool à chaque repas? N'y a-t-il pas d'autres plaisirs dans la vie? Aucun peuple d'Asie ne boit à table. Les Japonais prennent du thé 15 minutes après leurs repas et vous vous étonnerez de savoir que le verre n'existait pas dans leur civilisation avant qu'ils ne s'occidentalisent. Ils savaient alors qu'absorber trop de liquides avant ou pendant un repas dilue nos précieux sucs gastriques dont la fonction est de digérer ce que nous mangeons. Pour bien digérer, il faut donc ne pas trop boire. Une soupe, par exemple, contient assez de liquides pour nous hydrater; légumes et fruits aussi.

Pour ne pas avoir trop besoin de boire, il faut éviter les aliments acides (surtout les sucres et les farines blanches) ou trop salés. Le sucre, comme le sel, pousse l'organisme à retenir ses fluides pour les neutraliser. Les aliments trop gras, eux aussi, sont acides : c'est pour cela que vous avez soif après avoir mangé des frites.

En revanche, il faut boire entre les repas. La constipation est souvent due à un manque de liquides, surtout chez les personnes âgées.

Rappelez-vous enfin que l'alcool, comme le tabac, durcit les vaisseaux sanguins, et nous fait donc vieillir avant l'âge.

Vinaigre magique

Pour perdre quelques kilos, prenez chaque matin au réveil une cuillère à café de miel et une cuillère à soupe de vinaigre de pomme, dans un verre d'eau chaude ou glacée. Le vinaigre a le pouvoir d'éliminer les protéines en excès et possède exactement les mêmes propriétés que la pomme. Il dissout les toxines bloquées dans les articulations, apporte du potassium à l'organisme et assouplit le corps.

Manger simple et diététique

Seul le riz s'accommode avec tout, et son association avec des légumineuses constitue une substance nutritive excellente pour la santé. Pris avec une salade en été, une soupe en hiver (composées de trois ou quatre légumes) et un peu de poisson ou de viande, il constitue pour le déjeuner et le dîner un repas simple, équilibré, consistant, nourrissant, économique et diététique.

Les seules vraies règles à respecter sont :

• Ne manger que des aliments complets et frais. (Fuir les « médicaliments » et les produits de régime, limiter les surgelés et les boîtes de conserve.)

• Ne prendre des desserts qu'occasionnellement.

• Consommez plats et boissons à température ambiante, pas directement à la sortie du réfrigérateur.

• Ne pas grignoter.

• Se limiter à une seule sorte de protéine par jour.

• Manger la nourriture immédiatement après

l'avoir préparée (les restes perdent leur valeur nutritive).

• Éliminer les graisses végétales et animales (beurre, margarine, gras de viande, lard...), choisir les huiles extraites à froid.

• Se méfier du sel autant que du sucre.

• Privilégier les cuissons à la vapeur ou en papillote au four.

Surtout, ne devenez pas moraliste en la matière. Prenez vos repas et n'y pensez plus. Laissez vos amis manger ce qu'ils veulent et ne leur faites pas une conférence sur la diététique. Il est difficile d'appliquer ces combinaisons parfaitement, surtout si l'on ne prend pas ses repas seul. Mais on peut toujours essayer de les appliquer dans les choix que nous avons. Le plus important est de manger simplement des produits de qualité et en petites quantités et de faire savoir à son entourage qu'il existe d'autres façons de passer du bon temps ensemble que de rester des heures entières à table.

Vous pouvez créer et matérialiser vos pensées

Construisez votre mode de pensée chaque jour. Heure par heure, vous pouvez vous créer une santé radieuse, une vie réussie, le bonheur, grâce à vos idées, à vos croyances, aux situations que vous répétez dans le studio de votre mental. Mais à moins qu'il n'y ait une vision dans le mental, celui-ci ne pourra pas agir, car il n'aura pas de direction à prendre.

Vous pouvez créer toutes les pensées que vous voulez dans votre tête, et plus ces pensées sont fortes, plus elles ont de chances de vous motiver pour atteindre vos buts. Vous deviendrez ainsi la matérialisation de votre image idéale : une personne pleine de vitalité, d'agilité et de santé. Vous avez le choix de devenir qui vous voulez. Vous avez ce pouvoir en vous.

Vous serez capable, par exemple, de transformer votre appétit compulsif en un désir irrésistible de posséder un corps mince et jeune. Manger peu et bien pour garder le poids idéal, mener une vie équilibrée, avoir une meilleure santé ou des relations plus riches avec les autres, peuvent agir sur votre mental aussi naturellement que vos autres fonctions vitales.

Aucun contrôle n'est nécessaire

Lorsque vous imaginez avoir atteint un but, et que vous laissez vraiment votre subconscient expérimenter à quoi cette sensation ressemble, cela devient extrêmement tentant et vous êtes plus motivée que jamais. Ce n'est pas toujours par la volonté que certaines personnes réussissent. C'est leur désir réel d'atteindre un but et la façon de s'y prendre qui comptent. Toute la volonté du monde vous sera inutile si vous n'avez rien à lui demander.

Il est impossible d'avoir de la volonté en permanence. C'est pourquoi dès que vous avez terminé un régime amaigrissant, vous reprenez du poids. Mais une fois que l'inconscient a été parfaitement programmé, vous pouvez manger ce que vous voulez. Même si vous mangez trop un jour, votre mental

vous dira le lendemain : « Tout va bien, mais maintenant, ne mange plus pendant quelque temps. » Et
votre appétit ne se fera pas entendre pendant un jour
ou deux, tandis que le surplus de calories brûlera.

Si vous avez trop de kilos à l'instant présent, vous
vous dites probablement que c'est ainsi que les choses
sont et ce pour toujours. Mais si vous vous souvenez
de périodes où les choses étaient différentes, quand
vous pesiez moins, ou si vous envisagez un futur où
les choses seront à nouveau différentes, votre courage
et vos espoirs renaîtront. L'idée de se propulser dans
le futur afin d'expérimenter ses buts est une technique très ancienne.

Suggestions de visualisations

Le mental fonctionne par images. Vous ne vous
souvenez pas de la nourriture par des phrases, mais
par des images. Entraînez-vous à visualiser des aliments sains et délicieux. Lors d'une réception, votre
main ira automatiquement saisir un cocktail de fruits
au lieu de petits fours, et au cours de la conversation
vous ne réfléchirez pas aux règles de la diététique.

Visualisez par exemple des aliments qui, vous le
savez, vous apporteront de l'énergie, une belle peau,
de beaux cheveux. Comme une figue séchée, une
salade composée de tofu, un bol de grenades égrai-
nées, un biscuit au sésame...

Votre image parfaite

Votre vrai moi est celui qui est en vous, non cette image que vous offrez au monde à travers votre personnalité. Fermez les yeux, détendez-vous, prenez votre temps, puis visualisez votre image idéale en dimension et taille réelles. Bâtissez-la exactement comme vous aimeriez qu'elle soit. Prenez corps en elle et observez ce que vous ressentez. Assurez-vous que c'est bien là la personne que vous désirez devenir. Bien sûr, si vous avez le teint mat et que vous mesuriez 1,60 mètre, vous n'allez pas vous calquer sur Claudia Schiffer. Mais efforcez-vous d'obtenir une image vivante et réelle. Visualisez la manière dont vous aimeriez vivre. Ressentez votre vitalité, votre énergie, votre légèreté, votre apparence dans les moindres détails (bijoux, maquillage, chaussures, coiffure...). Cela est votre véritable moi. Le corps que vous avez actuellement va se mouler petit à petit sur celui que vous visualisez.

Imaginez aussi le nombre que vous désireriez voir s'inscrire sur la balance ; c'est celui de votre poids idéal. Votre subconscient le connaît. Les images que vous avez visualisées lui ordonnent de les transmettre à votre corps. Générez le sentiment de vous aimer, le sentiment d'une conviction intérieure très forte que vous valez l'image idéale que vous avez créée. Demandez à cette personne visualisée de vous aider à perdre les kilos qui vous emprisonnent, de vous apporter conseil, courage, persévérance, bon sens. Demandez-lui de vous renvoyer, dans un immense miroir, l'image de votre vrai moi aux moments où vous en avez besoin. Cette image vous renverra son message.

Entraînez-vous quotidiennement

Efforcez-vous de répéter cette visualisation sans en changer les moindres détails pendant 21 jours consécutifs, après une pause de relaxation. Vous êtes en train d'imprimer un schéma sur vos cellules cérébrales. Quand ce schéma sera devenu précis et clair, votre corps sera obligé d'obéir. Le corps ne fait que suivre ce que le subconscient lui a dicté. Le subconscient ne fait pas la différence entre une expérience réelle et une expérience imaginaire. Essayez de « préconstruire » la sensation d'être dans ce nouveau moi. Mais ne parlez de vos buts à personne. Avoir à donner une explication à des gens qui ne connaissent pas ces techniques et qui en doutent diluerait vos énergies. Et surtout, faites confiance à votre moi intérieur. La plupart des gens mangent par anxiété. C'est pourquoi vous *devez* visualiser l'image que vous aimeriez avoir, et non celle d'une personne qui se torture à faire des exercices en salle ou qui pleure devant un petit pois dans son assiette.

Visualiser est un exercice grâce auquel vous deviendrez de plus en plus habile à réaliser ce que vous souhaitez.

Nous sommes tous prisonniers de notre mental. Il faut donc le programmer pour se libérer. Si vous vous voyez comme une « personne forte », il faut la substituer par une personne mince. Même un corps n'ayant jamais été svelte peut le devenir. Comme dans bien des domaines, vous ne recevrez que ce que vous avez décidé d'obtenir. Il faut donc faire entrer dans votre subconscient les données justes (informations) si vous voulez prendre les décisions correctes. Le corps répond à ce que le subconscient lui dicte.

Le subconscient connaît exactement le fonctionnement de notre corps, bien mieux que les médecins ou nous-mêmes. C'est à lui de nous indiquer notre poids, le corps idéal qui est le nôtre, les décisions à prendre ; et non aux magazines, à l'entourage ni même à nos sentiments.

Un subconscient correctement programmé est bien plus puissant que la volonté dans une situation où il y a conflit. Les mots et les images fonctionnent aussi bien que de vraies molécules pour stimuler les processus de la vie. Une parole blessante est plus difficile à pardonner qu'un acte de violence physique. Le spectacle d'un accident est beaucoup plus traumatisant que tous les récits qu'on peut en faire.

Buts fixés, régimes, informations, exercices... tout contribue à « fournir » les données justes à votre « ordinateur », y compris les raisons psychologiques qui vous poussent à trop manger.

C'est le subconscient qui contrôle l'appétit. Fixez-vous un but précis et vous perdrez les kilos en conséquence. Écrivez le poids que vous visez sur une feuille de papier. Vous avez en vous les moyens d'atteindre votre but.

Travaillez sur vos affirmations

Rassemblez vos propres affirmations, vos citations préférées, des phrases marquantes et faites-en un trésor personnel.

Répétez-vous :

Je suis, à l'instant présent, sur le chemin menant à mon but : ce corps idéal qui existe déjà en moi. Je jure de faire tout ce qui sera en mon pouvoir pour y parvenir aussi rapidement que je le pourrai : manger peu, faire de l'exercice, choisir des aliments sains, améliorer mon environnement...

Quoi qu'il en soit, je m'y accrocherai et n'autoriserai aucun obstacle à m'arrêter. Cette image parfaite existe en moi et elle y restera à jamais. Je serai une personne charismatique, attirant ce qui est nécessaire à son avènement.

J'ai en moi le poids idéal pour ma morphologie, je me sens merveilleusement bien et je suis belle. Je sais que de petites portions de nourriture me suffisent et j'en suis ravie. Je me vois clairement dire non aux calories vides et j'aime la personne que je vois dans le miroir. J'y aperçois déjà celle que je vais devenir. Je m'aime inconditionnellement.

Visualisations et affirmations vont de pair. Le meilleur moyen de faire s'inscrire dans le subconscient des images est d'entrer dans un état de torpeur proche du sommeil, de faire le moins d'efforts possible et de concevoir une idée.

Condenser cette idée en une phrase concise la rendra plus simple à mémoriser quand vous vous la répéterez. Il ne faut faire intervenir aucun effort, aucune force mentale.

Les phrases courtes retiennent plus facilement l'attention. Elles s'enregistrent plus facilement dans le subconscient. Elles sont aussi moins fatigantes que de longs paragraphes. Sans un livre à l'appui, elles sont plus faciles à mémoriser.

La méthode la plus sûre de surmonter des concepts erronés est la répétition de pensées concises, constructives et harmonieuses. De nouvelles habitudes « mentales » apparaîtront alors. C'est le mental qui est le siège des habitudes.

Pendant 21 jours, répétez matin et soir une liste d'affirmations, jusqu'à ce que celles-ci soient profondément ancrées en vous. Elles généreront des sentiments positifs et vous guideront dans votre vie sans que vous ayez à mettre à l'épreuve votre volonté. Ces affirmations et ces visualisations sont nos gardiennes, nos protectrices. Elles sont sous-jacentes à nos décisions, nos choix, et constituent un rôle essentiel dans notre vie.

Liste suggestive d'affirmations

Lisez cette liste totalement ou partiellement le plus souvent possible : en prenant votre bain, en écoutant de la musique, avant de sortir avec des amis, dans le métro... Gardez-en une photocopie dans votre sac et essayez d'en mémoriser quelques passages chaque fois que vous le pourrez.

FAÇON DE MANGER,
QUALITÉ ET NON QUANTITÉ

• Un estomac vide rend les idées claires, purifie l'esprit et procure d'agréables sensations.

• L'environnement compte autant que l'alimentation.

• Les régimes sont dangereux car ils m'astreignent à agir de manière compulsive.

• La nourriture ne me pose problème que quand elle est mal choisie ou mal prise. Riz, pâtes ou pain une fois par jour me suffisent.

• La nourriture grasse me donne soif.

• La nourriture chaude me donne plus de satisfaction qu'un repas froid.

• J'utilise toujours le même bol pour contrôler mes portions.

• Je peux me permettre une ou deux bouchées des aliments même les plus grossissants.

• Je ne mange que des aliments frais.

• J'aime savoir que mon estomac n'est pas toujours en train de se fatiguer à digérer.

• Je dois mâcher mes aliments jusqu'à liquéfaction et boire à petites gorgées.

• Je dois distinguer la soif de la faim.

• Je ne mange pas plus que la grosseur de mon poing par repas.

• Si je mange trop, mon corps ne pourra pas tout utiliser.

• Je mange aussi souvent que possible chez moi.

• La plupart des gens manquent de vitalité parce qu'ils mangent trop.

• Les fines herbes sont des amies qui gagnent à être connues.

• Boire en mangeant fausse les sensations de satiété.

• Pas d'aliments médiocres : ils poussent à sur-consommer pour compenser le manque de plaisir.

DIÉTÉTIQUE

• Le sucre, le sel, l'alcool font gonfler les jambes, bouffir le visage et congestionner les tissus.

• Les meilleures sources d'énergie sont le riz complet, les patates douces, les pommes de terre.

• Les meilleures sources de protéines sont le tofu, le poisson, les noix, noisettes, amandes...

• Sel, farines blanches, sucres et produits chimiques favorisent la formation de cellulite.

• Les calories vides me vident de mon énergie et bloquent le bon fonctionnement de mon métabolisme.

• Je consomme viande, poisson, légumes... en les dénaturant le moins possible.

• Quand j'ai faim, je prends un sucre lent, par exemple une tranche de pain complet très légèrement tartinée de miel.

• Pas besoin de vitamines de supplément si je mange des produits frais.

• Le sucre appelle le sucre, le sel appelle le sel, l'alcool appelle l'alcool.

• L'alcool est riche en sucre et le sucre se trans-forme... en graisse !

- Des aliments sans vie créent un corps sans vie.
- Les légumes contiennent déjà des sels.
- On oublie le goût du sel ou du sucre après deux ou trois mois.

CONFIANCE EN SOI

- Je suis belle, je suis heureuse, je suis légère, je suis moi.
- J'ai confiance en moi et me sens bien en ma propre compagnie.
- La beauté commence par l'acceptation de soi.
- Chaque succès remporté me donne foi en un autre.
- Même si je me suis laissée aller hier, je sais que je peux me reprendre aujourd'hui.
- Je peux devenir mince, même si je ne l'ai jamais été avant.
- Je peux matérialiser mon image idéale.
- Je peux être aussi belle et mince que je le désire.
- Je peux améliorer ma santé en me regardant dans un miroir et en m'aimant.
- Je peux être belle sans ressembler à personne.
- Je m'aime comme je suis et je m'aimerai toujours.
- Si j'aime mon corps, il me le rendra.
- C'est mon mental qui commande mon corps.
- Il y a en moi une personne radieuse, pleine de vitalité.
- Il y a au moins dix façons qui me permettraient d'être plus moi-même.

• Confiance et contrôle sont deux choses distinctes. Moi, je fais confiance à mon corps.

VOLONTÉ

• Si je choisis ce que je veux manger, je peux aussi choisir de refuser ce que je ne veux pas.

• Je me fixe un but et je m'engage à l'atteindre.

• J'échange mon comportement compulsif de trop manger contre celui de devenir mince.

• Je suis la seule à pouvoir contrôler mon poids.

• J'ai besoin de principes car mon esprit ne sait pas ce qu'il veut.

• Quand j'aurai faim, mon corps me le dira. Je n'ai pas à y penser.

• La minceur est la récompense de la frugalité.

• Je dois me sentir pleine d'énergie et légère après un repas; ni fatiguée ni somnolente.

TIMING

• Tout ce que je mange sans avoir faim me fait grossir (mon corps ne peut le métaboliser).

• Manger n'est un véritable plaisir que lorsque j'ai faim.

• Pour un meilleur métabolisme, 6 petits repas sont meilleurs que 2 gros.

• Je peux avoir faim un jour et pas le suivant.

• Je dois toujours demander à mon corps ce qu'il désire avant de manger.

• Je dois bouger pendant les 20 minutes suivant un repas.

• Le jeûne doit rester une pratique planifiée mais ne doit pas être confondu avec le fait de sauter un repas.

• Je ne mange pas pendant les 3 dernières heures précédant le coucher – mon estomac doit finir de digérer.

• Je ne bois que 15 minutes après avoir mangé. Mon corps n'a envie que d'un seul type d'aliment à la fois.

• Manger « pour ne pas avoir faim plus tard » fait grossir.

• Jeûner est un art qui se cultive.

• Il n'existe pas de fringales qui ne passent pas. À moins d'avoir une vraie faim.

• Quand je m'ennuie, je n'ai pas besoin d'un morceau de chocolat, mais de stimulation.

• Il faut manger en premier ce que l'on aime le plus, pour être plus vite rassasié.

IMAGE ET ATTITUDE

• Une attitude de « femme mince » crée un corps de femme mince.

• Conscience et attitude comptent autant que des connaissances en diététique.

• Je veux être au meilleur de moi-même chaque jour de ma vie.

• La graisse me paralyse, et si je grignote, c'est pour oublier problèmes, ennuis, malaises...

- C'est la peur de vieillir et de grossir qui bloque mon énergie.
- Mes habitudes alimentaires créent ma réalité.
- La nourriture est mon meilleur médecin.
- La santé est une qualité qui donne jour à de bonnes habitudes.
- Je suis la créatrice de mon corps et de ma vie.
- Je peux aller au restaurant et me contenter de converser ; je ne suis pas obligée de manger.
- Je ne peux pas mentir : mon corps trahit tout ce que j'ai mangé.
- Je n'ai pas besoin de dizaines de robes. J'ai besoin d'un corps mince.
- Je dois choisir entre finir mon assiette et être à l'aise dans mes pantalons.
- J'imagine le nombre idéal qui s'inscrira sur la balance.
- Je dois toujours être consciente de mes problèmes émotionnels.
- Je dois anticiper les effets de la boisson sur mon corps.
- Je me débarrasse de tout ce qui sape mon énergie : nourriture malsaine, gens inintéressants, objets encombrants, médiocrité...
- Je ne dois pas garder la graisse inutile dans mon corps.
- Je remercie mon corps d'être en bonne santé.
- Je traite mon corps comme je traite mes meilleurs amis.
- Je ne fais pas de régime. Je mange peu, c'est tout.

- Je suis en paix avec la nourriture. Elle enrichit ma vie.
- Mon corps est mon temple. Je l'habite avec respect.
- Si je mange trop aujourd'hui, je n'aurai pas faim demain, ni après-demain.
- Mon mental voit surtout des images (nourriture, silhouette, vêtements, futur...).
- On perd du poids quand on arrête de faire une fixation sur le chiffre de la balance.
- Préparer sa nourriture, c'est prendre soin de sa santé et de sa beauté.
- La qualité me nourrit dans tous les domaines.
- Mes pantalons sont mes juges les plus honnêtes.
- Pour maigrir, je dois m'organiser.
- Pour maigrir, il faut que les pensées soient suivies par des actes.
- Ce qui nourrit mes pensées est aussi important que ce qui nourrit mon corps.
- C'est en choisissant ce que mon corps réclame que je serai en accord avec moi-même.

SOINS DU CORPS

- Je dois me soigner pour mieux soigner les autres.
- Je ne veux pas compromettre mon corps avec des produits chimiques et malsains.
- Je note le poids que je lis sur la balance, quel qu'il soit.
- Mon corps peut embellir grâce à la pratique

d'abdominaux, à une alimentation saine et à de bonnes postures.

• Je brosse mon corps 5 minutes tous les jours.

• Pas de programme fixe d'exercices. C'est à mon corps de décider.

• Trop se reposer, c'est « se rouiller », ce qui signifie se détruire.

Troisième partie

Le mental

« Il est absurde de s'ignorer soi-même quand on veut connaître tout le reste. »

Platon

Depuis toujours, et malgré les affirmations cartésiennes, l'Homme sait que les maux du corps sont indissociables de ceux de l'âme.

Mais il faut plus que prendre des décisions pour contrôler les passions et trouver l'équilibre. C'est toute une reconstruction de la pensée qui s'impose.

S'occuper de soi-même, être ami avec soi-même, se respecter, tel est donc notre devoir premier.

Certaines traditions (surtout en Occident et dans les pays riches) nous empêchent de donner à ces préceptes une valeur positive. On les nomme repli de l'individu, narcissisme... mais chez Socrate, Dogen, Maître Eckart ou les grands sages indiens, s'occuper de soi-même a toujours eu un sens positif et c'est à partir de ces écoles que se sont constituées les morales sans doute les plus austères, les plus rigoureuses que l'Occident et l'Orient aient connues (épicurisme, stoïcisme, bouddhisme, hindouisme...), mais aussi les plus universelles.

L'ascèse est la démarche nécessaire à la sérénité et à la connaissance de soi. Faire des efforts afin de changer, c'est avant tout se libérer. Ne pas trop demander à la vie, éviter les excès, se conduire humblement sont les règles à respecter si l'on veut évoluer.

Le souci de soi, dans toutes les cultures, est une remise en question permanente. Il rappelle qu'il est inutile de spéculer sur un certain nombre de phénomènes comme les catastrophes naturelles ou la méchanceté et la bêtise du monde..., mais qu'il faut tourner son regard vers des choses immédiates et dont on dépend directement.

On peut et l'on doit se prendre en charge, se transformer et s'améliorer (techniques de mémorisation du passé, examens de conscience, exercices ayant trait au renoncement, à la discipline, à la retenue, à l'hygiène de vie mentale et physique...).

Le seul objet à atteindre et garder toujours, sans avoir à en changer au cours du temps ou au fil des occasions, c'est le soi. Il est en notre pouvoir de nous contrôler, de nous corriger et de trouver ainsi la plénitude.

Mais la pratique de soi doit faire corps avec l'art même de vivre.

« Il faut protéger ce soi, le défendre, l'armer, le respecter, l'honorer, le posséder, ne pas le quitter des yeux et ordonner toute sa vie autour de lui, a dit Sénèque, c'est à son contact que l'on peut éprouver la plus grande et la seule joie qui soit légitime, sans fragilité, et permanente. »

Sénèque écrivait aussi à Lucilius : « Si je fais tout dans l'intérêt de ma personne, c'est que l'intérêt que je porte à ma personne précède tout. »

1

Votre écologie intérieure

Purifiez votre esprit

Les soucis et le stress

Nous pouvons polluer notre mental avec des pensées négatives, des pensées agitées, des pensées méprisantes ou des pensées de doute. Il faut éliminer tout cela afin d'améliorer notre écologie intérieure, y substituer des attitudes positives.

L'écologie intérieure, c'est un travail interne de perfection de soi que l'on peut appeler travail spirituel.

À la violence et aux peurs souvent diffusées par les médias, il faut opposer la connaissance, l'art, la beauté, la recherche du bien-être, de la paix et de l'amour.

Plus le mental est apaisé, plus il est facile de gérer, de ranger et d'organiser notre dépôt d'informations, de savoir les utiliser à bon escient, avec des pensées bien claires. Notre vrai travail est de nous préparer à une vie supérieure.

L'inquiétude n'est qu'une pensée. Rien de plus. Il y a 300 ans, le mot « pensée » signifiait en anglais « inquiétude ». 90 % des choses pour lesquelles nous nous faisons du souci n'arrivent jamais. Les grandes catastrophes, comme les tremblements de terre, les incendies et les maladies graves existent, certes. Mais si tout ce que nous envisageons quotidiennement n'est que catastrophes, c'est que celles-ci sont plus souvent dans notre tête que dans le monde extérieur.

Émotions, anxiétés, dépressions nerveuses sont toxiques. Nous nous détruisons mentalement et physiquement avec la rébellion, la peur, la jalousie, les frustrations, la haine, le ressentiment... Les pensées négatives obstruent le cerveau, empêchant l'amour et le bonheur d'y circuler librement.

Les raideurs dans notre corps dérivent des raideurs de l'esprit. L'inquiétude affecte les nerfs de l'estomac et les force à commander au cerveau de sécréter des sucs gastriques qui se transforment en poisons toxiques pour l'organisme. Elle déchire et détruit le système nerveux et glandulaire, tous ces tissus qui contrôlent l'élimination des déchets, ce qui explique pourquoi certaines personnes anxieuses ne peuvent maigrir même si elles mangent peu. Les soucis affectent notre sommeil, génèrent le diabète, les rides, les cheveux gris, le teint terne. Ils détruisent la faculté de se concentrer ou de décider. Ils bloquent l'énergie et détraquent le métabolisme. Mais les soucis ne sont qu'une habitude! Les gens qui ne savent pas les combattre meurent jeunes. Les grands nerveux guérissent très lentement. La nervosité est une maladie durable qui en provoque d'autres. Comment créer une vie sereine si nous dépensons notre énergie mentale en soucis constants ?

Certains médecins disent que c'est la peur du temps lui-même qui a les effets les plus nocifs sur le corps et l'esprit, et que cette peur névrotique peut être la cause des vieillissements prématurés. Mais nous avons en nous la faculté et le pouvoir de nous éduquer ce sur qui peut nous guérir, nous redonner la santé et le bonheur de vivre.

À force de retourner les problèmes dans la tête, on finit par ne plus savoir ce que l'on veut ni ce que l'on est. Le stress nous atomise, nous éparpille.

Il est vital de chasser la colère, de l'extérioriser, de la faire sortir du corps.

Les premiers conseils antistress à respecter sont :
• Manger bon et sain à la fois.
• Faire bouger son corps, s'oxygéner, nager.
• S'octroyer quelques soins, du plaisir.
• Respecter ses horloges biologiques : digestion, sécrétion des hormones, synthèse du cholestérol, reproduction cellulaire... Pour connaître ces rythmes, la meilleure façon est de tenir un carnet pendant un mois, en y inscrivant les heures où l'on a faim, sommeil, où l'on ressent une baisse de tonus, et d'essayer petit à petit de prendre d'autres habitudes ou de régler sa vie en fonction de cette horloge personnelle.
• Dormir suffisamment. Le manque de sommeil stresse.

• Se coucher et se lever aux mêmes heures chaque jour. Les cycles de sommeil sont de 90 minutes. Si l'on a raté un « train », il faut attendre le suivant.

• Prendre du plaisir à manger, et cela dans le calme et la convivialité. Éviter les restaurants bruyants, les surgelés, la cuisine préparée industriellement.

• Manger des plats simples, des légumes frais, du poisson, des huiles de qualité, des fruits de saison.

• Se souvenir qu'un repas pris agréablement, dans le calme et le plaisir, n'a pas la même répercussion sur le métabolisme qu'un repas pris dans de mauvaises conditions : la digestion en sera perturbée et le métabolisme ralenti.

• Faire du déjeuner un moment à soi. Refuser les invitations forcées, les plats gras ou sucrés.

• S'accorder un peu de chocolat quotidiennement pour son magnésium et un meilleur sommeil.

• Se mettre dans la tête que trop d'alcool perturbe le sommeil et diminue la récupération nocturne.

• Ne jamais trop ou ne pas assez manger (hors périodes de jeûne). Souvent, c'est notre cerveau qui a faim, pas notre estomac.

• Prendre un petit déjeuner complet. Dans l'idéal celui-ci devrait représenter l'essentiel de notre nourriture quotidienne et comporter des plats salés et consistants. Le petit déjeuner signifie sortir d'un jeûne.

• Pratiquer une activité physique. Le sport est le plus grand des antistress. Mais il doit être régulier, mesuré et harmonieux. Il vaut mieux en faire 10 minutes par jour qu'une heure par semaine.

• Marcher dans la nature. La marche clarifie les idées et aide à relativiser les problèmes. Ne pas oublier non plus d'aller respirer des ions négatifs au bord de l'eau.

• Bâiller, rire, ne pas toujours être sérieux.

Si le stress commence à vous grignoter, c'est que vous le laissez faire. Apprenez à lui opposer un mur de sérénité.

Nous sommes ce que nous pensons

Couleur du teint, cicatrices, rides d'expression... nos joies, nos souffrances, notre stress sont présents sur notre visage, nos traits. On peut tout y lire.

Passer son existence à vivre sans prendre conscience de ce que l'on est mène à la détérioration et à la destruction. Nos vies sont ce que nos pensées en font. Nous sommes composés de vibrations et il est en notre pouvoir d'en changer le processus, de donner un sens à notre réalité et d'ouvrir les portes à toutes les possibilités que nous avons.

Cependant cela n'est réalisable que lorsque nous prenons clairement conscience des choses, de nos actes, de nos pensées... Notre subconscient travaille 24 heures sur 24 et emmagasine nos pensées. Chacune est cause, et la condition qui en résulte effet. Nous devons donc prendre en charge ces pensées afin qu'elles ne nous apportent que des conditions favorables.

C'est le monde intérieur qui fait le monde extérieur. Apprenez à sélectionner vos pensées. Choisissez d'être aimable, joyeuse, aimante et le monde vous le rendra.

Efforcez-vous d'occuper votre esprit avec la conviction que du bon vous arrivera et veillez à « surveiller » vos pensées pour les diriger vers des choses justes, belles et sensées.

Tout, dans votre personne, reflète ces pensées. Imaginez que votre esprit est un jardin. Vous y semez des graines. Votre subconscient est tissé des idées que vous avez semées tout au long de la journée. Ce que vous récoltez en vitalité, santé, amis, statut social et situation financière est le fruit de vos pensées. Il est donc capital de leur prêter la plus grande attention. L'énergie suit les pensées et les pensées précèdent l'attitude. Cela signifie que vous êtes responsable de votre existence et que le monde qui vous entoure n'en est que le reflet.

La santé est une question d'attitude intérieure et la vie exige que vous n'abandonniez jamais ce qu'il y a de meilleur en vous. Vos systèmes de pensée et d'expression conditionnent également votre comportement physique, vos postures, votre bien-être ou votre « mal-être ». Vous ne deviendrez forte qu'à la condition de savoir vivre paisiblement et bien équilibrée.

La soustraction des idées

Les adeptes du Wu Wei disaient : « Si votre esprit n'est pas embrouillé par des choses inutiles, c'est que vous êtes dans la meilleure phase de votre existence. »

Nous vivons dans la prison psychologique que nous nous sommes construite et nous sommes enchaînés par nos croyances, opinions, formations, et par les influences de l'environnement.

Si notre esprit est congestionné, nous ne pouvons pas fonctionner normalement. Trop de choses nous emportent, nous égarent, nous empêchent de nous concentrer.

Plus nous prenons de l'âge, plus notre esprit s'encombre, comme un vieux grenier plein de choses inutiles et oubliées. Nous n'en sommes peut-être pas conscients, mais nous pensons sans arrêt. Comment passons-nous notre temps? Quelles sont nos ambitions? Est-ce que les choses pour lesquelles nous nous battons en valent la peine?

Mettre de l'ordre dans son esprit signifie, comme pour le rangement des choses matérielles, éliminer tout ce qui ne contribue plus à certains besoins afin de faire de la place à ce qui est important. Chaque pensée laisse des traces dans le cerveau et renforce ou affaiblit le système immunitaire.

De même que l'absence d'objets facilite la vie, la soustraction des pensées fait place à du nouveau. Si vous vous entraînez avec régularité à supprimer ou chasser certaines idées de votre esprit, les actes qu'elles entraînent seront aussi supprimés.

Constituez-vous une liste des idées ou pensées qui surgissent le plus souvent dans votre tête, telles de petites bandes de magnétophone que vous écoutez à longueur de journée, encore et encore, et auxquelles vous êtes tellement habituée que vous ne songez même plus à les chasser.

Prenez beaucoup de soin, de temps et de minutie à dresser cette liste. Si certains points vous ennuient, laissez-les de côté ou prévoyez un moment pour vous concentrer sur leur contenu. Essayez ensuite, une fois cette liste bien établie, de chasser une à une, patiemment, tout au long de la journée, ces idées de votre tête. Repoussez-les avec douceur mais fermeté autant de fois qu'elles resurgiront. Cet exercice, comme tout exercice, vous apportera ses fruits le jour où vous vous surprendrez à voir surgir de nouvelles idées.

Vous posez-vous les bonnes questions ?

> « Tout le monde doit faire face à la question de savoir où est l'unité de la personnalité que l'on doit forcément acquérir ainsi qu'à l'obligation de la rechercher. Et c'est ainsi que commence le chemin parcouru par l'Orient depuis un temps immémorial. »
>
> John Blofeld, *Yoga, porte de la sagesse*

Chaque question doit être spécifique et sans ambiguïté pour qu'une réponse possible se fasse entendre. Elle doit également être formulée de façon simple. Dans tout ce que nous faisons, nous avons un choix à faire. Tout a une signification. Il y a des raisons pour lesquelles nous remarquons certaines choses et pas d'autres. Certaines personnes remarquent les belles choses, les gens intéressants, d'autres les poubelles, les défauts, les imperfections. La plupart du temps, ces choix restent inconscients, mais nous pouvons faire meilleur usage de notre conscience et nous en servir comme d'un outil pour notifier nos choix. Si l'on se prend à ne voir que des choses négatives, on peut alors arriver à se corriger et à rechercher autre chose de meilleur.

Dans un sens, nous sommes constamment en train de créer. Nous pouvons donner des instructions à notre subconscient pour qu'il ne sélectionne que des choses pertinentes dans le futur.

Les états d'âme

Anxiété et regrets n'ont pas leur place dans un esprit imprégné de cette simple vérité qu'il n'y a jamais de hauts sans bas. La vie est rarement aussi noire que nous l'imaginons quand nous sommes dans le creux de la vague. Si nous faisons tout ce que nous avons toujours fait, nous serons ce que nous avons toujours été. La seule personne qui nous impose des limites, c'est nous. Le vrai amour-propre vient d'une domination sur le moi, ce qui mène à la liberté. Nous pouvons nous exercer à renforcer notre patience, dont le fonctionnement est semblable à celui d'un muscle qui, travaillé, devient plus résistant.

L'esprit est un médium de création. La vie nous pardonne quand nous nous coupons un doigt : elle permet à de nouvelles cellules de se former et de fabriquer un pont qui refermera la blessure. Il en est de même avec les pensées.

Chaque fois que vous commencez à vous inquiéter, à vous sentir perdue, seule, déprimée, pleine de rancœur, négative ou en colère, prenez un livre intéressant, enfilez une tenue différente, et faites ce qui est en votre pouvoir pour rendre le lieu qui vous entoure plus gai : fleurs, musique, encens ou bougie parfumée. Vous pouvez aussi faire un peu de yoga ou quelques mouvements de gymnastique, écrire votre journal, prendre un bain ou partir marcher. Le plus important est de stopper le flux mental jusqu'à ce que de nouvelles énergies remplacent les précédentes.

Transcendez les problèmes

> « Devant un problème, il n'y a rien à faire. Il y a à savoir. »
>
> Dr Charles Barker

Ne traitez pas les problèmes, transcendez-les. Se focaliser sur un problème, c'est le maintenir vivant, et par la même occasion nous empêcher d'aller de l'avant. Les pensées négatives n'ont pas besoin d'être analysées, disséquées, étudiées sinon elles essaiment. Refusez de vous empoisonner la vie avec de vieilles habitudes de rancunes et de blessures non pardonnées. Mettez au panier les détritus du passé. Ne gardez que les bons souvenirs.

La vie recommence chaque jour. Vous êtes la personne qui vit aujourd'hui. Cessez de penser que la personne que vous étiez hier est celle que vous devez être aujourd'hui. Nous avons tous en nous des potentiels illimités et la possibilité de changer si nous le voulons. Ce qui nous empêche (c'est un cercle vicieux) de puiser dans ce potentiel, ce sont nos attachements psychologiques au passé. L'énergie que nous avons à l'instant présent est la seule dont nous ayons besoin.

N'attaquez les situations difficiles que dans les détails faciles. Tout ce sur quoi vous portez votre attention prend de l'importance. Plus vous insistez sur ce que vous ne voulez pas, plus vous lui donnez d'emprise.

Au lieu de penser de manière active à un problème, oubliez-le. Le fait de connaître la nature exacte du problème et la question à poser suffit. Laissez la question se reposer, se fixer, comme une eau stagnante. Bientôt, quelque chose de magique surviendra au sein de votre inconscient. Quand on s'obstine sur un problème ou sur des choses qui nous irritent, on oublie toutes les merveilles de la vie et ses possibilités. On ne voit que les manques, les injustices, les causes de notre malheur, de nos frustrations ou de notre tristesse. Mais les moments durs de la vie sont une opportunité pour prendre du recul et reconsidérer les choses. Nous devons nous demander alors : « Qu'est-ce qui a le plus d'importance? Pourquoi ai-je fait cela? »

Nous savons qu'il existe une puissance qui nous est accessible à chaque instant de la vie, mais nous devons demander à l'esprit de nous « brancher » sur son courant. Plus nous devenons conscients, plus nous sommes capables de combattre nos problèmes. Si nous nous éternisons sur les obstacles, les problèmes et les difficultés, notre subconscient agira en conséquence et nous bloquera les portes du bonheur. Tout ce qui arrive est là pour nous apprendre quelque chose.

La négativité nous fait du mal

Nous nous faisons autant de mal par la négativité de nos pensées et de nos actes que par une nourriture malsaine, le tabac ou le manque de sommeil. Nos frustrations sont dues à des désirs non réalisés, nos inquiétudes à des incertitudes, et notre négativité à un manque d'énergie et de confiance en nous.

Guérir le psychisme, c'est faire en sorte que ce qui n'était pas conscient le devienne. Il faut d'abord identifier la source des états négatifs et se demander ce que l'on veut.

Dressez une liste de ce que vous désirez. N'essayez pas de savoir si vous pouvez ou non obtenir ce que vous désirez ni comment vous parviendrez à vos fins. Une pensée bien dirigée est capable de créer des vibrations pouvant se convertir en inspiration. De même, avec un entraînement mental régulier, on peut parvenir à chasser les pensées négatives.

Nous pouvons aussi nous entraîner à combattre toutes les pensées négatives, comme nous apprenons à faire de la bicyclette, à nager, à conduire... Une fois acquis, ces actes deviennent automatiques.

Si l'on s'entraîne à devenir calme et serein, on peut y arriver en l'espace d'un mois. Souvent, lorsqu'on est malade, c'est en s'efforçant de ne pas penser aux choses négatives qu'on guérit le plus vite.

Toute pensée finit un jour par retourner au néant. Prenez conscience du pouvoir de vos pensées. Est-ce que ce sont vos sentiments qui sont négatifs ou la vie ? Reconnaissez le pouvoir omnipotent de votre subconscient. C'est lui qui peut vous donner bonheur, santé, liberté et tout ce que vous méritez.

Ne vous focalisez pas sur le passé, mais sur ce que vous pouvez faire maintenant. Par exemple, le matin, demandez-vous quel genre de journée vous aimeriez avoir. Essayez de vous rappeler tout ce qu'il y a de bon et d'agréable dans votre vie. Celui qui est pessimiste se voit agir de manière négative. Plus son mode de pensée est constructif, plus il sera motivé pour aller vers ce qui l'élève.

Avant de dormir, prenez l'habitude de vous remémorer les événements agréables de votre journée : une promenade, un bon repas, une rencontre amicale... ; ce sont là vos trésors. Notez-les rapidement sur les pages d'un agenda : plus tard, ils vous rappelleront la somme de bonheur que la vie vous a donnée. Faites une prière et demandez à votre subconscient d'y répondre, passez en revue vos pensées et dites-vous que vous dormirez profondément. Les rêves peuvent nous permettre de trouver une réponse à certaines questions à condition de les leur poser avant de s'endormir.

Contrôlez votre mental

Posez-vous à côté de vous

Imaginez que vous ayez le pouvoir magique de sortir de votre corps et d'aller vous asseoir à côté de la personne que vous êtes. Regardez-vous. Comment est cette personne ? À quoi ressemble-t-elle ? L'aimez-vous ? Pouvez-vous l'aider, la conseiller ?

Entraînez-vous au détachement. Ne vous accrochez pas aux idées. Quand vous décidez d'agir afin de supprimer quelque chose, même une passion dévorante, la plus grande des récompenses est de voir que vous y êtes parvenue et que cela ne vous empêche pas de vivre. Vous en retirerez un immense soulagement, une légèreté, et vous vous direz : « Ça y est, je suis débarrassée ! »

Quand tout, mentalement et psychologiquement, a été évacué, quand, comme dans le vide, il ne reste plus aucun attachement, quand toutes les actions ne sont plus dictées que par le lieu et le moment, quand objectivité et subjectivité sont confondues, vous avez atteint la forme la plus élevée du détachement. Ne plus être attaché à rien est donc le but suprême. Il existe des techniques pour apprendre à contrôler sa vie, son stress, et toutes ces vagues de confusion qui nous sapent aussi bien physiquement que moralement.

Ayez vos propres principes

> « Les principes sont comme un tissu tissé serré avec exactitude, consistance, beauté et résistance, fait de tous les fils de la vie. »
>
> Shakespeare

L'esprit ne sait pas ce qu'il veut : je veux maigrir, et je veux manger une part de gâteau.

Nous avons donc besoin de principes. L'usage des principes peut devenir une habitude et un réflexe si l'on fait assez d'efforts pour les appliquer un certain temps.

L'esprit ne sait pas choisir. Il a besoin du support de certains principes pour l'aider à dicter les comportements. Tant de choses sont si simples que nous ne les appliquons pas : vivre avec équilibre, bon sens, respect de l'environnement... Ce sont les ambitions et les principes qui sont le pilier d'une vie. Sans eux, nous n'aurions aucun repère.

Sachez vous décider

Savoir se décider bien et vite est un art et une qualité, car cela évite d'avoir à se faire du souci plus longtemps. Une fois que la décision est prise et l'action nécessaire accomplie, considérez que le problème est réglé, efforcez-vous de le chasser de votre esprit. Et essayez de prendre le plus de décisions par vous-même. La force de caractère est une énergie vitale nécessaire pour faire des choix et prendre des décisions. Sécurité, sagesse et force sont interdépendantes. Efforcez-vous de retrouver l'inventivité des enfants.

Savoir bien faire ses choix est un des dons les plus créatifs que nous puissions posséder. Chaque minute de notre vie nous oblige à choisir et présente d'innombrables possibilités. Mais une fois que l'on a fait de l'espace pour accueillir le nouveau et l'inconnu, on ouvre la porte à des voies plus profondes, en attendant de voir resurgir les moments creux de l'existence. Prêtez attention à ce que vous voulez. C'est la seule façon de découvrir vos passions. Quand on a la joie, la vie est remplie d'abondance.

Concentration et méditation

Entraînez-vous à la concentration : méditez

> « Contentez-vous de laisser les eaux se calmer et le soleil et la lune se refléter sur la surface de votre Être. »
>
> Le poète Sufi Rumi

Faites le vide autour de vous, ne vous laissez pas distraire par les bruits, les visages, les personnes qui vous entourent. Faites le vide pour vous concentrer sur un sujet unique ou plutôt sur le rapport entre vous-même et ce sujet. Ce travail consiste à neutraliser pensées, désirs et imagination.

Commencez par avoir pour but l'état de « non-pensée ». Au début, les idées reviendront : repoussez-les doucement ; effacez-les encore et encore, même si ce n'est que pour 30 secondes. Vous verrez que c'est possible. Cela aura été le premier pas. Les yogis peuvent rester ainsi des journées entières. Si vous vous entraînez assidûment à vous vider l'esprit de vos pensées, celles-ci reviendront à la surface, mais elles resteront de moins en moins présentes et finiront par être facilement rejetées. S'entraîner à méditer ou à contrôler son esprit est comme s'entraîner à faire travailler un muscle. Seules la patience et la persévérance peuvent donner un résultat.

Quand une personne médite, elle se plonge dans un état de repos deux fois plus grand que celui du sommeil. La consommation d'oxygène est plus importante, les pulsations cardiaques plus rapides et l'esprit reste en éveil. Il faut 10 minutes pour atteindre cet état, alors qu'il faut 6 heures pour atteindre une telle profondeur de relaxation avec le sommeil.

Pendant ces moments de méditation, toute ambiguïté, toute dépendance à autrui et tout attachement disparaissent complètement. Une sensation extrême de liberté se fait alors ressentir : c'est le chemin le plus simple et le plus rapide vers le bonheur. Laissez les choses suivre leur cours, un peu comme si vous n'étiez pas concernée. Au bout de quelque temps, vous vous sentirez fermement détachée.

La méditation peut se pratiquer partout, même en faisant la queue pour attendre un bus ou en lavant la vaisselle. Le golf aussi est un excellent exercice de méditation, de détente et de paix. Un joueur disait un jour qu'à la fin d'un parcours il se sentait autant en paix avec lui-même qu'un bonze sur le sommet d'une montagne. Ce qui est important, c'est de rester, pendant un moment, intérieurement attentif. Cela procure une force que vous ne trouverez nulle part ailleurs. Cette discipline mentale n'a rien à voir avec la vacuité ou la torpeur. C'est le procédé par lequel nous affûtons notre conscience et notre attention, ce qui est extrêmement utile dans la vie de tous les jours.

Quelqu'un disait, à propos de la méditation et du yoga : « Je n'ai pas le temps de ne pas pratiquer. »

Le verbe « méditer » (*meditari* en latin) signifie se laisser conduire vers le centre. Tout ce qui est fixe domine et bloque l'esprit. Prenez du temps tout simplement pour « être », afin de laisser votre esprit se

« recharger » en silence. Débarrassez-vous, de temps en temps, de votre image, et revenez à la sensation d'être une personne nouvelle.

Il faut savoir parfois ne rien faire. La méditation nous aide à comprendre comment fonctionne notre mental. Avant de la pratiquer, les gens n'ont aucune idée du nombre de pensées éparpillées traversant leur esprit en l'espace d'une seconde. Et ce sont ces pensées qui compliquent leur vie.

La méditation est une nourriture psychologique qui nous permet de nous renouveler et de réaffirmer les choses essentielles. Courir sur une plage, s'asseoir dans un bois, écouter de la musique..., ces formes d'activité exigent que nous prenions du temps. Nous pouvons méditer, c'est-à-dire garder notre esprit immobile, en marchant, en étant assis, debout ou allongé.

Il faut faire taire le corps en gardant certaines postures (le yoga en conseille beaucoup, comme la position du lotus, la position allongée sur le dos, en complète relaxation et les yeux fermés). Ralentir autant que possible sa respiration. Faire taire le mental. Interdire toute pensée qui ramènerait l'esprit à la réflexion.

Le maître bouddhiste zen Deshimaru disait : « Il faut laisser les pensées défiler comme des nuages dans le ciel. Ne pas penser à la vie, mais être la vie. » On obtient ainsi une meilleure circulation sanguine, une meilleure mémorisation. Il faut obtenir le silence intérieur et économiser ses paroles. Se concentrer sur les bruits intérieurs, les battements du cœur, la respiration... sur tous les bruits organiques.

Méditez, trouvez le degré zéro d'activité mentale et musculaire. Sentez la chaleur et la pesanteur vous envahir. Énoncez ce que vous ressentez en vous parlant : « Je sens la chaleur envahir mon corps... » Ancrez chaque sensation par une phrase. Ensuite, il suffira de prononcer cette phrase pour que l'état s'installe.

Matins de calme

> « Ne plus avoir à attendre, voilà ce qui libère le Moi. Il me semble que je m'étais rejeté moi-même, avec tout ce que j'avais rejeté. Même la pesanteur de mon corps avait disparu. Je sentis que je ne possédais rien, pas même moi, et que plus rien ne me possédait. Le monde entier était devenu aussi transparent et sans la moindre obstruction que mon propre esprit. »
>
> Alan Watts, *Bouddhisme zen*

Méditez le matin, lorsque l'air est encore frais et libre de toutes sortes de vibrations artificielles.

Plus vous vous concentrez sur les détails de l'environnement, plus immédiates seront vos perceptions. Observez vos émotions comme des phénomènes extérieurs qui ne vous touchent pas. Vous parviendrez ainsi à ne plus être esclave de vos regrets, de votre impatience, de l'anxiété, et de toutes sortes de pensées confuses, au point que vous en arriverez même oublier le présent et que vous aimerez cela ! Quand vous parvenez à ne plus penser, vous avez atteint votre but. Les choses deviennent simples. C'est comme si vous étiez morte. Toutes les responsabilités, les obligations se sont envolées. Acceptez les idées surgissant sans leur donner d'importance. Si vous arrivez à penser à quelque chose qui ressemble à « rien », le repos que vous en retirerez sera extrêmement intense. La nuit, vous vous reposez peut-être, mais vous rêvez aussi. Le repos de votre mental n'est donc pas complet.

Offrez-vous le temps et l'endroit propice pour méditer dans un petit coin retiré de votre logis ; installez-y un grand coussin confortable, en pure laine ou en soie, un petit autel (une planchette à la hauteur des yeux suffit) sur lequel vous placerez une bougie, une fleur et un bâtonnet d'encens (les bonzes s'en servent pour minuter chaque séance, qui dure environ 20 minutes). Laissez le parfum et le silence vous envelopper, prenez conscience de la douceur du coussin, respirez profondément deux ou trois fois pour expirer les pensées négatives et posez-vous 20 minutes. Sans souplesse corporelle cependant, la position du lotus est inconfortable, et il ne faut pas se leurrer : on ne peut oublier son corps s'il nous fait souffrir. Des exercices de souplesse sont donc eux aussi indispensables à la préparation de véritables séances de méditation. La position correcte est primordiale, et pour de nombreuses raisons trop longues à expliquer dans un résumé aussi court, la meilleure pour se concentrer. Les autres (dans un fauteuil ou en position allongée) ne vous permettront jamais d'atteindre le vrai « non-état » de la plénitude parfaite.

Le silence est d'or

> « Cessez de parler, de penser, et il n'y aura rien
> que vous ne compreniez pas. »
>
> Proverbe bouddhiste

Le silence permet de prêter attention à tout,
d'observer le flot de « détritus mentaux » qui tra-
versent sans cesse nos esprits. Ne pas constamment
agir : cet apprentissage nécessite une ouverture
d'esprit, du temps et de la patience. Évitez les programmes de télévision, les articles de journaux qui ne
vous apportent rien et vous volent votre temps, votre
espace mental et votre silence. Ce sont des sopori-
fiques qui vous bercent dans une passivité abrutis-
sante, et du chewing-gum pour les yeux. Le silence
vous aidera à vous étendre dans son vide. Il est un
espace réceptif. Laissez-le être votre guide.

La goutte incandescente

> « Dans ma tête, le trésor le plus précieux est une
> goutte incandescente de l'esprit, contenant le
> monde. Elle contient l'essence de mon moi.
> C'est là que se trouve le sens parfait de ma vie et
> mon plus sûr espoir d'une réalisation spirituelle
> élevée. C'est elle qui me remplit de vitalité illimi-
> tée et me rend immortel. Si je la laisse s'obscurcir
> pour qu'elle n'apparaisse plus que rarement au
> niveau de ma conscience, mon pouvoir vital va
> diminuer avec l'âge et après ma mort mon
> essence se dissipera ; mon esprit parviendra à la
> dissolution progressive. Voilà ce qui arrive quand
> on laisse les nuages sombres et noirs s'amonceler
> par l'amour de soi, les désirs immodérés et les
> passions. Mais mon yang shen va commencer à

briller davantage et à m'imprégner tout entier jusqu'à ce que mon mental et mon corps soient remplis de sa propre substance. Je dois chérir ce trésor même en marchant et le sentir proche de la surface de ma conscience en agissant d'une manière digne de lui. Je dois surveiller mes pensées et mes émotions afin que mes énergies mentales et affectives ne soient pas bêtement gaspillées. »

Carl Jung, *Le Mystère de la Fleur d'or*

Une seule pensée à la fois

« S'asseoir et méditer pendant des heures, manger lorsque notre corps nous le demande et vivre dans une simple hutte, quel luxe ! »

Urabe Kenko, *Tsurezuregusa*

Visualisez une phrase. Le but de la méditation est atteint lorsque l'idée de non-pensée s'est elle-même envolée. Avec la méditation, même les sensations physiques disparaissent, ce qui signifie que leur énergie spécifique leur a été enlevée. Cette énergie est alors utilisée à renforcer la clarté de la conscience. Nous devrions tous passer des moments seuls, à contempler et nous centrer sur une seule pensée, en lisant, en étudiant ou en travaillant. Même mettre des fleurs dans un vase le matin peut devenir un exercice. La journée sera alors transformée ! Beaucoup de gens sont pris dans des passions qui ne sont en fait qu'une sorte de passivité. Ils cherchent à s'oublier eux-mêmes. Mais un homme qui reste assis en méditation et qui se contemple appartient bien plus au monde. Méditer est la plus haute forme d'activité qui soit donnée à l'homme pour devenir indépendant et libre. Les taoïstes croyaient que la matière est essentiellement spirituelle et que la beauté et l'intelligence sont là, juste en face de nous. Si nous ne les voyons pas, c'est que nos sens sont déficients.

Une personne peut aboutir à cette connaissance intuitive par le repos, le non-attachement et la contemplation. L'homme peut se libérer du temps, de l'espace, de la vie quotidienne, des désirs, des idées reçues et enfin de lui-même.

2

Les autres

Simplifiez votre carnet d'adresses

Choisissez vos relations et soyez tolérante

> « Seul l'homme parfait peut vivre parmi ses pairs sans accepter leurs préjudices. Il s'adapte à eux sans perdre sa personnalité. D'eux, il n'apprend rien et reconnaît leurs aspirations sans les faire siennes. »
>
> Tchouang Tseu

Rompez avec les relations stériles. Supprimez celles qui ne vous apportent aucun soutien. En amour, ne soyez pas esclave de l'autre sexe. Fuyez les gens sans intelligence : vous ne pouvez jamais être sûre de ce qu'ils pensent ou de la manière dont ils vont réagir. Il vaut mieux ne plus les fréquenter que les critiquer. Mais ne confondez pas intelligence avec aptitudes intellectuelles. Il existe plusieurs formes d'intelligence : l'intelligence du cœur, celle du bon sens... ce que beaucoup de gens n'ont pas.

Plus que la couleur de la peau, ce sont le milieu social, l'argent, les croyances, les aspirations qui séparent les êtres. Les gens sans tolérance et sans compréhension peuvent nous empêcher d'évoluer. Graduellement mais sûrement, réduisez l'importance qu'ils ont dans votre vie. Et ne perdez jamais une minute à penser aux gens que vous n'aimez pas.

N'essayez pas de vous adapter à des situations inconfortables et n'exigez pas une sincérité excessive de la part des autres. Il n'est pas besoin de mettre son cœur à nu pour être plus proche de quelqu'un. Laissez le monde avec ses règles dans la rue, un monde où il faut sans cesse prendre en considération les besoins des autres, où il faut aussi se cacher derrière les différents masques que nous sommes obligés de porter.

Nous serions tellement plus heureux si nous apprenions à vivre avec nos propres imperfections et avec celles des autres.

Quand vous êtes en compagnie

Apprenez à refuser

> « Une personne libre est une personne qui peut refuser une invitation à dîner sans donner la moindre excuse. »
>
> Jules Renard

Dans notre culture, il est plus acceptable d'être gentil et hypocrite que direct et honnête. Si dire non est un problème, votre objectif devrait être de savoir dire non à quelqu'un pour pouvoir dire oui à vous-même. Après tout, si vous refusez d'aller à une fête entre amis, celui qui vous a invitée n'ira pas se jeter du haut d'une falaise parce que vous n'avez pas accepté son invitation. Et si vous vous sentez moralement obligée d'accepter, alors osez faire une proposition du genre : « D'accord, je suis libre vendredi mais jusqu'à 20 h seulement. » Une explication simple avec le moins de détails possible est la meilleure façon de refuser. Entraînez-vous à dire : « Je suis désolée, je n'ai pas le temps pour le moment, mais je te rappellerai quand mon emploi du temps me le permettra. » Ne changez pas vos projets pour accommoder les autres. Ne vous souciez pas de ce qu'ils pensent ou de ce qu'ils disent de vous. Vous n'en serez que plus libre. Quand vous compromettez vos rêves et vos propres valeurs pour quelqu'un d'autre, vous perdez un peu de vous-même, un peu de votre force. Plus vous compromettez votre authenticité, moins vous serez forte. Laissez derrière vous tout ce qui n'est pas enrichissant et coupez les liens avec les croyances, les valeurs et les obligations qui ont été vôtres dans une période de votre vie mais qui ne correspondent plus à ce que vous êtes maintenant. Ne soyez pas la personne qu'on s'attend à ce que vous soyez, mais la personne que vous, vous voulez être. Sachez avec précision et fermeté ce que vous voulez et ce que vous ne voulez pas dans votre vie. Soyez indépendante. Il faut avoir le courage de dire non en souriant sans s'excuser. Rien ni personne ne possède le moindre pouvoir sur nous car nous sommes les seuls à gérer notre pensée. Si nous ne parvenons pas à la rendre harmonieuse et équilibrée, il en ira de même pour notre vie.

Donnez moins et... prenez plus

Donner, recevoir... Simplifiez vos rapports avec les autres et revenez à un comportement plus naturel. Ne vous sentez pas embarrassée de recevoir. Quand vous savez, au fond de votre cœur, que vous n'abusez pas de la générosité d'autrui, acceptez avec simplicité ce qu'il vous offre.

Mais vous, ne donnez pas trop. Offrir est un acte que l'on accomplit trop souvent pour se faire plaisir à soi-même. Même si l'on croit n'attendre rien en retour, il reste toujours une pointe de dépit si le destinataire de votre cadeau ne vous remercie pas ou s'il réagit d'une manière différente de celle selon laquelle, vous, vous auriez réagi.

Évitez à tout prix les rapports d'argent avec vos amis si vous ne voulez pas vous brouiller, ne parlez pas de vos problèmes. Donner trop de conseils « gratuits » n'est pas très bon non plus, car ce que l'on donne pour rien n'a pas de valeur. Si vous aidez trop les autres, ils n'apprendront jamais. La seule chose de valeur que vous puissiez leur offrir est une attitude de contrôle de vous-même et de discipline : du calme, de la présence, de l'écoute et de la bienveillance. Donnez-leur l'assurance qu'ils peuvent compter sur vous, la force de votre présence et de votre endurance. Ayez pour vous le calme venant de cette conviction que tout ce dont vous avez besoin, vous pouvez l'obtenir par vous-même. Nous donnons trop souvent en excès. Mais c'est la plupart du temps pour obtenir l'amour ou l'amitié, par peur de ne pas être aimée simplement pour ce que nous sommes.

Apprenez à écouter

> « Le ciel nous a donné deux oreilles pour écouter et une bouche pour parler.
> Nous devrions donc écouter deux fois plus que parler. »
>
> Proverbe chinois

Le bavard est tel un vase vide. Écouter en gardant son corps absolument immobile, dans une position statuaire, empreinte de grâce et de solennité, faisait partie de l'éducation dans l'Antiquité. Cette position attentive revêtait une sorte de garantie de la moralité et donnait une image de tranquillité à celui qui en avait acquis les techniques.

Le silence dévoile quelque chose de profond, de merveilleux et de sobre sur le caractère de celui qui sait écouter.

Exercez-vous à faire régner sur vous-même une sorte d'économie stricte de la parole, du mouvement et des mots inutiles lorsque vous êtes en présence d'autrui. Voyez en vous-même les bienfaits de cette secrète énergie gagnée et constatez l'impact que vous laisserez sur les autres.

Surveillez vos propos

> « Le langage que nous utilisons pour nous référer à nous-mêmes est d'une importance énorme. Le système corps-esprit s'organise autour d'expé-

riences verbales, et les blessures verbales peuvent laisser des séquelles plus graves que des traumatismes corporels. Nous nous créons littéralement par le vocabulaire. Les mots sont plus que des symboles. Ils déclenchent des réactions biologiques. Certains mots sont porteurs de préjudices. »

Deepak Chopra, *Ageless Body, Timeless Mind*

Une règle d'or : si vous n'avez rien de gentil à dire, ne dites rien. Tout ce qu'il faut, c'est que vous soyez sûre d'être traitée avec justice, gentillesse et respect. Appliquez ces principes vous-même.

Les choses n'ont que l'importance qu'on leur donne. Parlez de misère, et vous aurez plus de misère. Dites des choses drôles et le rire se décuplera.

Prenez votre respiration avant de parler. On vous prêtera plus d'attention et de respect. Laissez parler les autres à leur aise et laissez-les d'abord terminer d'exprimer leurs pensées.

Quand vous faites quelque chose de bien, ne dites rien : c'est magique, parce que plutôt que de diluer votre plaisir, vous le gardez entier pour vous.

Trop parler nous vide de notre énergie et enlève du poids à ce que nous disons. Si l'on parle trop, on se sent lourd et coupable d'avoir importuné les autres. Les gens parlent souvent pour leur propre satisfaction, non pour faire profiter les autres de leurs expériences. Ils parlent trop souvent d'eux-mêmes. Cessez de parler de vos malheurs. Ils vous fatiguent, ainsi que vos interlocuteurs. D'autre part, plus nous parlons, plus nous nous éloignons des autres et de nous-mêmes.

Refusez les discussions métaphysiques et religieuses. C'est la meilleure manière de ne pas vous faire d'ennemis. Souvenez-vous aussi du fait qu'il y a des moments propices pour parler de choses profondes et d'autres pour rester à la surface des choses. Apprenez à choisir ces moments.

Ne critiquez pas

Critiquer ne dira rien sur les gens, mais en revanche en dira long sur vous : vous êtes une personne qui critique. Quand vous critiquez quelqu'un, vous créez un problème et ne faites que vous dévaloriser. Juger les autres demande de l'énergie et vous met dans une situation où vous ne devriez pas être. Critiquer est surtout une habitude. Entraînez-vous à ne jamais dire de mal de qui que ce soit, quels que soient vos sentiments. Vite, cette nouvelle habitude deviendra une seconde nature. Critiquer peut apporter un soulagement, mais il existe d'autres sujets de conversation. Restez loyale envers les absents. Défendez-les. Vous gagnerez ainsi la confiance de ceux qui sont présents. Méfiez-vous de la duplicité. Traitez tout le monde selon les mêmes principes.

Au lieu de vous occuper des défauts des autres, occupez-vous des vôtres. Tournez votre esprit vers des choses qui sont plus agréables que les maux ou les malheurs d'autrui, comme les secrets de la nature, les histoires vraies, un séjour à la campagne où l'on peut prendre du plaisir grâce au spectacle, au calme et au réconfort qu'elle offre. Voilà ce qu'il faut substituer à la curiosité.

Nul ne peut vivre à la place d'autrui.

N'en remontrez pas

> « Ce que vous êtes fait tellement de bruit que je
> n'entends pas ce que vous dites. »
>
> Emerson, *Platon ou le philosophe*

Savoir se contrôler est essentiel pour garder de bonnes relations avec autrui. Évitez d'étaler vos connaissances, de vous poser en philosophe. Devenir vide, c'est devenir riche. Nous parlons souvent plus haut que nous ne pensons. Nous tentons d'exposer des idées que nous admirons. Nous jouons des rôles de personnages que nous aimerions devenir, mais qui sont malheureusement faux.

Ne faites pas étalage de maximes, mais montrez les effets de celles que vous avez appliquées. Ne dites pas aux autres comment il faut manger, mais mangez vous-même comme il faut. Ne tirez point vanité de ce que vous faites.

Altruisme et solitude

Prenez soin de vous-même pour mieux aimer les autres

> « S'estimer est un péché moins vil que de se
> détester. »
>
> Shakespeare

Beaucoup de gens vivent dans un brouillard émotionnel ; ils accomplissent des gestes vides, manquent de confiance, se sentent indignes d'être aimés et s'adonnent à l'alcool, au tabac, au travail, à la télévision...

Si vous prenez soin de vous, vous serez non seulement plus agréable aux autres, mais plus heureuse. Ne vous maltraitez pas. Apprenez à avoir de la valeur à vos propres yeux. Traitez-vous avec amour. Vous traiterez ainsi les autres avec plus d'amour. Découvrez ce qui est pour vous une source de plaisir et de joie et agissez dans ce sens. Souriez et riez le plus possible. S'estimer à sa juste valeur, c'est éviter bien du stress. La culpabilité est un poison qui use.

Pardonnez pour votre propre bien

Pardonner ne veut pas dire accepter ce qui est arrivé. Cela veut dire que l'on se refuse à l'adversité qui empoisonne notre vie. Il ne faut pardonner que pour son propre bien. Mais on ne peut pardonner que quand on ne souffre plus. Personne ne peut nous blesser si nous ne lui en donnons pas les moyens. La douleur n'apparaît que quand il y a interprétation des faits dans notre esprit. Si l'on se contentait de ne se placer que comme témoin des faits, nous ne souffririons pas. On peut parvenir à aller au-delà des interprétations.

N'attendez rien des autres

Vous, et vous seule, êtes responsable de vos actes. Vous n'avez pas à assumer la culpabilité d'une autre personne. Mais ne comptez pas sur les autres pour être heureuse. Êtes-vous vous-même si merveilleuse que le monde entier réclame votre présence ? D'un autre côté, voulez-vous qu'on vous plaigne ? Si vous n'arrivez pas à vous plaire en votre propre compagnie, il est probable que les autres ne l'apprécieront pas non plus. Les gens réclament aux autres un bonheur qu'ils ne peuvent se créer. Une personne admirable est quelqu'un qui ne demande rien, ne regrette rien et n'a rien à perdre. Elle n'est influençable ni par les gens ni par les choses, et sait trouver en elle des ressources infinies.

N'essayez pas de changer les autres

En quoi que ce soit, n'essayez pas de changer les autres. Cela ne fait que compliquer votre vie. Cela sape votre énergie, vous laisse sans force et... frustrée. Arrêtez d'expliquer. Contentez-vous de laisser les autres se demander quel est le secret de votre calme et de votre bonheur. La seule façon d'influer sur eux est d'agir de manière telle qu'ils auront envie d'adopter votre mode de vie, votre attitude et vos idées. Tout le monde cherche à imiter ceux qui rayonnent de bonheur. Aider les autres, c'est les amener à penser. Le distingué historien Arnold Toynbee disait que le futur de l'humanité dépend du degré où chacun est capable de se retirer et de trouver sa propre profondeur, et alors d'en faire ressortir ce qu'il a de meilleur pour aider les autres.

Résistez au besoin maladif d'avoir toujours raison. Abandonnez votre rôle de planificateur et d'horloge parlante. Agissez quand vous le jugez nécessaire, mais le reste du temps, ne faites rien. Ne dites rien. Vous en inspirerez d'autant plus de respect.

Se sentir supérieur est aussi une entrave qui limite. Ce qui nous irrite chez autrui devrait nous amener à avoir une meilleure connaissance de nous-mêmes. Laissez aux autres la satisfaction d'avoir raison. Si vous cherchez à défendre vos positions, vous ne ferez que perdre votre énergie.

Restez vous-même

> « Je n'aime pas les compétitions ; la seule personne contre laquelle je veux me mesurer, c'est moi. Il n'y a pas de vainqueurs, il n'y a que des différences. »
>
> (Paroles d'athlète)

Demeurer « entière » (intègre) repose sur le détachement. Vous n'avez pas besoin d'aspirer à être semblable aux autres ni différente. Une femme sans trop d'attaches se sent libre. La meilleure façon de faire progresser l'humanité est d'avancer soi-même.

Ce que l'on peut offrir aux autres

La seule chose que nous puissions offrir aux autres est, par notre façon d'être, de les amener à s'attacher à ce qui est simple et spontané, à moins penser à eux-mêmes et à réduire l'éventail de leurs désirs. Il n'y aurait pas de voleurs dans une société où nul ne désirerait accumuler biens et richesses. Plus notre vie intérieure est riche, plus grande est notre propre estime, plus nous avons à donner.

Aider les autres matériellement est bien, mais les aider à réfléchir est beaucoup plus important. Si l'on pouvait aider les autres à faire abstraction de leurs désirs, ne serait-ce qu'une petite heure, on leur prouverait qu'avec détermination et entraînement, ils pourraient agir ainsi pour le reste de leur vie. Voilà l'aide la plus grande qui puisse leur être apportée. C'est en offrant aux autres pour exemple notre façon d'être et en respirant le bonheur de vivre, quelles que soient les circonstances, que l'on peut les amener à ne s'attacher qu'à ce qui est simple et spontané et leur prouver par notre attitude que le bonheur est bien plus grand en ne pensant pas trop à soi-même et en réduisant l'éventail de ses désirs. Certes, la misère du monde ne cessera probablement jamais, même si toutes les maisons étaient réquisitionnées afin d'être transformées en un immense asile de charité, mais si tous les pays riches prenaient véritablement conscience que les ressources de notre planète ne sont pas inépuisables et qu'ils sont les seuls à en profiter et en abuser, ils feraient certainement beaucoup plus d'efforts pour moins gaspiller et moins consommer. S'ils possédaient moins, gaspillaient moins, jetaient moins, mangeaient moins alors que d'autres meurent de faim, ils parviendraient peut-être à atteindre une plus grande harmonie entre leur for intérieur et leur comportement extérieur.

Aider les pauvres ? C'est notre société qui est pauvre. Pauvre de croire qu'être heureux, c'est posséder. Pauvre de se laisser influencer par la publicité. Pauvre d'accepter de se laisser prendre dans l'engrenage de la compétitivité. Pauvre de n'être pas libre de vivre plus simplement. Pauvre de mettre une étiquette sur tout, même sur la générosité. La pauvreté ne se résume pas à un manque d'argent. Elle signifie aussi manquer de qualités humaines, spirituelles, intellectuelles. Aider les autres, c'est ne pas faire montre de ses richesses, c'est vivre simplement et respecter chaque être humain sans le juger. C'est aussi faire en sorte qu'il ne soit pas jaloux, amer ou envieux.

Cultivez l'art de vivre seule

> « Il se peut que mon logis soit étroit, mais je peux y dormir et m'y asseoir. Vivant seul, cela me suffit. Je connais le monde et je ne m'y mêle pas. Je profite seulement de ma tranquillité. Mon suprême plaisir est la sieste et contempler les saisons. Le monde entier n'est que la conscience que nous en avons. Si le cœur est en paix, même les trésors les plus chers ne valent rien. J'aime mon pauvre logis. Je suis désolé pour tous ces esclaves du monde matériel. On ne peut apprécier la solitude qu'en la vivant. »
>
> Kamo no Chomei, *Notes de ma cabane*

Être seul se dit en anglais *alone*, ce qui signifie à l'origine *all one*, soit « tout un ». Appréciez les moments en solitaire. En fait, être seule n'est pas un choix. C'est notre condition originelle. Nous sommes tous, au plus profond de notre être, seuls. Cela peut être douloureux pour une personne qui n'en a pas l'habitude, mais avec le temps, cela devient une précieuse commodité. Ce n'est pas la solitude matérielle qui est à craindre, mais la solitude spirituelle. Si l'on se sent perdu, seul, comment pouvons-nous avoir un contact avec les autres, quand ils sont présents ? C'est par la solitude que nous pouvons regagner de l'énergie. La solitude des vrais solitaires n'est qu'apparente. Leur esprit est un monde peuplé d'êtres et d'idées, une caverne secrète où se déroulent mille conversations.

Appréciez la solitude. Considérez-la comme une situation privilégiée, non comme une épreuve. C'est un don du ciel et la condition essentielle pour s'améliorer, traiter de sujets sérieux ou bien travailler. Les moments de solitude sont faits pour planter des graines qui pousseront et s'épanouiront sur l'inconnu, sur des parties encore non découvertes de la vie.

Apprenez à apprécier votre propre compagnie avant d'y être acculée. Il y a de fortes chances que chacun de nous ait plusieurs années de sa vie à passer seul. Autant s'y préparer, et bien. Vivre seul est un art qu'il faut apprendre et cultiver. Il y a tant de choses que nous ne pouvons réaliser que dans le silence et dans la solitude ! Méditer, lire, rêver, imaginer, créer, se soigner...

Apprenez à être heureuse pour vous seule : cuisinez, jardinez, récoltez, embellissez votre corps, votre logis, vos pensées... Partez de temps en temps passer la nuit dans un petit hôtel, emportez un roman dans un café ensoleillé, allez pique-niquer au bord de l'eau. Vous pourrez ensuite doublement apprécier la présence des autres et leur apporter plus que vous ne l'avez jamais fait. La solitude rend la vie tellement plus riche !

3

Polissez-vous comme un galet

Soyez prête à changer

Ayez foi en vous-même

> « Nous sommes tissés de l'étoffe dont sont faits nos rêves. »
>
> Shakespeare

Nos ressources sont bien plus riches que nous ne pouvons même l'imaginer.

Ayez foi en vous-même et vous découvrirez que tout (ou presque) est possible. Si vous vivez en fonction de vos aspirations et de vos rêves, vous obtiendrez ce que vous désirez. Si vous redoublez vos efforts en vue d'un but précis, vous obtiendrez des résultats surprenants. Choisissez de croire que des choses bénéfiques vous arriveront.

Les gens qui ont « réussi » (belle situation, famille heureuse) ne doutent pas de leurs capacités à obtenir ce à quoi ils aspirent. Le succès prend ses racines dans l'esprit et se concrétise dans le monde matériel, jamais dans le sens inverse. Pour obtenir la prospérité, il faut déjà la créer dans sa tête. Les pensées sont d'une puissance incroyable. Nous avons tous ce même avantage, donc il faut en profiter. Il est du contrôle de chacun de pouvoir penser par soi-même. À condition d'avoir une assez grande ouverture d'esprit et de rester réceptifs à tout, nous pouvons faire usage de toute l'intelligence qui se trouve dans les sphères de notre subconscient.

Ne doutez pas de la réussite de vos projets. Pour trouver une nouvelle voie, débarrassez-vous d'abord de vos précédents schémas mentaux. Essayez de ne pas douter de vous-même. Vous pouvez parvenir à devenir ce que vous souhaitez. Le doute est un gaspillage d'énergie qui entrave l'aboutissement d'un projet.

Si vous vous dites que vous n'êtes pas une personne créative, vous ne le deviendrez jamais. C'est vous (dans le cas des enfants, les parents ; dans le cas des conjoints, le partenaire, quelquefois) qui vous empêchez d'être créative. N'oubliez jamais que vous êtes remplie de passions, de talent, d'intelligence, de sagesse, de créativité et de profondeur. Si vous ne choisissez pas d'obtenir ce dont vous rêvez, ce que vous avez craint arrivera. Nous créons et voyons ce que nous nous attendons à voir. Si vous abordez une situation avec des préjugés négatifs, vous en subirez les résultats négatifs. Nous créons notre réalité. La crainte nous pousse à nous accrocher à nos anciennes habitudes et nous interdit toute souplesse. Si nous

nous persuadons qu'il n'existe qu'une seule manière d'agir, nous nous crispons. Il existe toujours d'autres manières. Il faut les chercher. Ce n'est pas ce qui nous arrive, mais la manière dont nous réagissons, qui importe. Cessez de faire une fixation sur ce que vous ne voulez pas. Vous devez « savoir » de l'intérieur que vous réussirez, et pas seulement l'espérer. Voyez le problème. Demandez à votre subconscient de trouver une solution et laissez-vous aller au sentiment que tout se réglera pour le mieux. Si vous faites des efforts de concentration, tout échouera. Sentir le succès produit le succès. Il faut rester le plus ouvert possible à toute éventualité. Y croire. Vos propres paroles ont le pouvoir de nettoyer votre esprit de ses idées fausses et d'y instiller, à la place, des idées justes. Ne gardez à la surface de votre conscient que l'idée que tout ce qui arrivera est le meilleur et assurez-vous de ne vous occuper l'esprit qu'avec des choses agréables, vraies et justes. En changeant votre mode de pensée, vous pouvez changer votre destinée. Ce n'est pas la chose que vous croyez qui va apporter un résultat, c'est la sincérité de votre croyance.

Imaginez la personne que vous voudriez devenir

Aussitôt que le subconscient accepte une idée, il se met à l'appliquer. Par exemple, si vous avez pour but d'écrire un livre, de faire une découverte, ou de mettre en pratique un nouveau style de vie, développez l'idée mentalement, dans les moindres détails, et efforcez-vous de croire que c'est la réalité. Une pensée est déjà elle-même une réalité. Votre subconscient l'a déjà acceptée comme telle.

Chacun de nous a déjà connu l'expérience d'avoir reçu une bonne nouvelle inattendue, un coup de fil salvateur ou une somme d'argent à une période où tout allait mal pour lui. Moments que nous attribuons à des coïncidences mais qui ne sont peut-être pas, justement, de purs hasards... Notre corps est le résultat de toutes les intentions que nous avons déjà eues. Si vous imaginez une expérience avec assez d'intensité, toutes sortes de réactions involontaires commenceront à se produire, des réactions exactement conformes à ce que vous aviez pressenti.

Asseyez-vous, détendez-vous et essayez de ne penser à rien. Entourez-vous d'obscurité pour oublier le monde extérieur. Essayez de bouger le moins possible pour calmer votre mental, ce qui rendra votre esprit plus réceptif aux suggestions. Imaginez comment vous aimeriez qu'une chose se passe et visualisez le scénario le plus précis et le plus détaillé possible. Rejetez toute crainte, tout souci, toute forme de pensée destructrice. Des idées nouvelles surgiront et vous vous « réveillerez » reposée, calme et sereine.

Distillez-vous jusqu'à votre essence

> « Chacun de nous, dans sa prime jeunesse, sait quelle est sa légende personnelle (c'est ce qu'il a toujours souhaité faire). À cette époque de la vie, tout est clair, tout est possible, et l'on n'a pas peur de rêver et de souhaiter ce que l'on aimerait faire de sa vie. »
>
> Paulo Coelho, *L'Alchimiste*

Il n'est pas un atome de notre être qui demeure sans changement tout au long de notre vie. Accepter de bien vouloir changer prouve que l'on ne s'est pas raidi et que l'on est encore jeune. Quand nous cessons de changer, nous mourons.

À chaque seconde de notre vie, nous créons une réalité par nos pensées et par notre conduite. Nous devons réaliser le prix que nous payons pour nos mauvaises pensées. Progresser spirituellement implique de changer, ce qui veut dire abandonner une chose pour une autre. Abandonnez certaines habitudes, certains points de vue, certaines exigences... Ne vous apitoyez pas sur votre sort. Corrigez-vous plutôt. Tirez le meilleur parti des situations et cessez de parler de vos malheurs. Mais efforcez-vous de voir les choses en face. Vivre dans une inquiétude permanente plus ou moins définie devient une habitude et finit par devenir chronique. On ne pense même plus à s'en défaire ou à imaginer que la vie pourrait être différente si nous acceptions de changer.

Le secret, pour changer, est d'être convaincu qu'à l'intérieur de soi, il existe un moi qui restera toujours lui. Un moi qui a de la valeur et qui est unique. Si ce moi reste notre pôle, tout ce qui s'y rattache peut changer sans trop de peine.

Viktor Franckl, un ancien détenu des nazis et célèbre psychologue autrichien de formation, avait établi, lors de sa détention, tout un système philosophique, la « logothérapie ». Il enseignait à ses camarades que beaucoup de maladies soi-disant mentales ou psychologiques sont en fait les symptômes du sentiment sous-jacent d'un vide existentiel, d'un manque de reconnaissance du sens de la vie. Il assurait que chacun de nous doit découvrir sa mission, une mission unique que lui et lui seul peut remplir, que ce soit dans les arts, dans les travaux des champs, dans le rôle de parent, d'enfant ou d'époux.

Chaque ancienne couche de pensée doit être retirée pour être remplacée par une nouvelle.

Devenez votre meilleure amie

Vivez sous votre lumière, pas sous les rampes d'un plateau de théâtre. Les femmes que nous admirons ont identifié leurs propres façons de se faire du mal, ont corrigé ces erreurs et sont devenues leurs meilleures amies. Soyez vous aussi votre meilleure amie. Ce dont vous avez besoin, c'est de vous. Traitez-vous comme vous traiteriez votre famille, vos clients, vos amis.

Bouddha avait laissé toutes ses possessions derrière lui. Nous sommes tous condamnés, un jour ou l'autre, à tout perdre. Alors, que restera-t-il ? Nous devrions être remplis de nous-mêmes. Mais la société fait tout pour que nous ne soyons pas nous-mêmes.

Nous nous mentons constamment. Nous n'avons confiance ni en la vie ni en nos propres ressources. Nous courons le risque de régresser si nous n'avançons pas, si nous laissons la paresse intérieure s'établir, et si nous laissons à d'autres le pouvoir de contrôler notre vie. Le fait de s'aimer rend heureux. L'acceptation de soi nous libère des opinions des autres. Respectez vos rêves, suivez vos désirs.

Il y a en chacun de nous un diamant

Nous ressemblons tous à des degrés plus ou moins variés à des diamants à l'état brut. Plus nous nous polissons, plus nous nous taillons, plus nous prenons forme, plus nous brillons et plus nous attirons. Efforcez-vous d'aller toujours vers la perfection. Cela vous aidera à vivre longtemps.

Mangez peu et bien, dormez tôt, faites de l'exercice, ne cessez jamais d'apprendre, rencontrez des gens, puisez de nouvelles idées et trouvez en chaque jour autant de joies que vous le pouvez.

Sachez vous habiller simplement, choisir des amis honnêtes et dignes de vous, des lectures enrichissantes, un environnement de qualité et appliquez le bon sens là où c'est en votre pouvoir.

Décidez de votre vie vous-même. Planifiez vos voyages, votre temps, dessinez vos vêtements... Utilisez vos capacités, votre imagination, votre conscience. Attachez-vous à un avenir potentiel plutôt qu'au passé. Devenez votre propre créateur. Nous pouvons habiter deux personnes à la fois. Le gentleman anglais, même s'il a des problèmes, porte toujours une fleur à sa boutonnière. Le bonheur de vivre dépend de la façon dont nous filtrons la réalité et dont nous l'interprétons. Nous pouvons nous créer un monde merveilleux et si nous ne le faisons pas, c'est parce que nous n'explorons pas assez nos capacités d'imagination.

Une heure par jour pour un engagement

Même si vous ne remplissez que six engagements sur dix, félicitez-vous. Nous devons chaque jour faire un peu plus pour nous rapprocher de nos rêves, même si ce n'est que cinq minutes : donner un coup de téléphone, écrire une lettre, lire quelques pages d'un auteur... Promettez-vous de remplir un engagement pour le plaisir, et un autre pour le devoir. Les engagements à long terme sont difficiles à respecter (un régime, ne pas se plaindre, faire de l'exercice...), les engagements « pour une journée » sont plus faciles à tenir. Vous pouvez aussi expérimenter avec « la promesse d'une heure » : faire ce que vous redoutez ou détestez le plus, une heure d'exercices physiques, de repassage, de correspondance administrative...

Ne vous préoccupez pas de ce que les autres penseront de vous. Même si ce genre de comportement paraît infantile, il porte ses fruits. Offrez-vous la chance de faire aussi quelque chose rien que pour vous. Concentrez-vous un quart d'heure (mais pas plus) sur un projet. Peu à peu, celui-ci prendra forme, sans que vous vous en rendiez compte (apprendre une langue étrangère, retenir un enchaînement de jazz, trier des papiers de famille...).

Quinze minutes de concentration valent mieux qu'une heure de dispersion.

Visualisez votre vie

La façon la plus évidente de préciser une idée est de la visualiser. Si l'on arrive à garder une image dix-sept secondes en tête, elle deviendra une réalité virtuelle. Imaginez ce que vous serez dans un mois, dans un an, avec qui, ce que vous porterez, comment vous vivrez, comment vous aimeriez mourir, ce que vous aimeriez que les gens gardent de vous. Visualisez la personne qui est en vous, ce que vous aimez en elle, ce qu'elle peut vous apporter. Et puis visualisez les personnes célèbres que vous admirez le plus, que vous aimeriez rencontrer ou avoir rencontrées. Organisez dans votre imagination un colloque qui les rassemblerait toutes autour de vous, recevant leurs conseils et leurs encouragements. Laissez-les partager leurs secrets avec vous, suivez leurs traces. Il y a en chacun de nous un être plein de vitalité, d'énergie, de charisme. Qui serez-vous à 90 ans ? Que pouvez-vous faire maintenant pour devenir cet être ? Quels changements apporter à votre vie pour être en meilleure santé, plus ouverte, plus sage, plus gaie ? La plupart des grands athlètes visualisent toujours leurs compétitions. Ils se voient gagner, recevoir le succès, le savourer.

Distinguez ce qui dépend de vous de ce qui n'en dépend pas

« À toute idée pénible rappelez-vous que vous n'êtes pas du tout ce que vous représentez. Si

cette idée ne se rapporte pas aux choses qui
dépendent de vous, dites-vous : Cela ne me
concerne pas. »

Épictète

Si vous désirez quelque chose qui ne dépend pas de
vous, vous serez malheureuse. Quant aux choses qui
dépendent de vous, elles sont toutes à votre portée.

À chaque incident que vous vivez, demandez-vous
quelles forces vous possédez pour en tirer usage.

Ne vous appliquez qu'à ce que vous pouvez faire
ou obtenir.

Celui qui dépend des autres est un mendiant.

Déclarez aux choses qui ne dépendent pas de vous
qu'elles ne sont rien pour vous.

Les seuls biens qui nous appartiennent vraiment
sont l'usage des idées, le choix de nos désirs, notre
façon de juger, nos qualités morales, le travail que
nous pouvons faire sur nous. Mais nous ne sommes
pas maîtres du destin et même notre santé, nos biens,
notre position sociale peuvent prendre une direction
différente de celle que nous souhaitions garder.

Lecture et écriture

Lisez autant que vous le pouvez

« Les livres servent à indiquer les directions que
le mental doit prendre. »

Emerson, La Confiance en soi

Tout ce que nous lisons s'intègre à notre conscient.
La plupart des écrits sont fondés sur les observations

personnelles d'un individu. Nous pouvons récolter ainsi, dans l'intervalle d'un après-midi, le fruit de travaux qui ont demandé une vie d'observations, de labeur, de recherches, de souffrances, d'expériences...

Lorsque vous prenez des notes, vous pouvez vous souvenir de l'essentiel d'un livre. Extrayez des livres ce qui vous touche personnellement en le recopiant. Cela constituera votre portrait le plus vivant.

Phrases et images apportent du plaisir et donnent du courage, de la vitalité, de l'espoir.

Lisez dans le calme, sans musique ni café ni biscuits. Puis, après un chapitre ou quelques pages, fermez le livre et réfléchissez à ce que vous avez lu. Les mots sont faits pour interpréter les pensées. Lorsqu'une pensée a été assimilée, les mots ne sont plus nécessaires. Mais le savoir doit précéder les pensées pour atteindre une meilleure connaissance de soi. Nous sommes tous un collage unique : un collage de nos parents, de nos amis, de nos études, de nos expériences, de nos voyages, de nos lectures. Nous sommes influencés par d'innombrables messages que nous ne pouvons, de par leur multitude, mémoriser, mais qui nous ont, un à un, plus ou moins changés.

Faire part de ses pensées ne veut pas forcément dire marquer des limites (affirmer, dénier). Une personne cultivée peut percevoir à la fois l'unité et la multiplicité d'un fait sans y trouver de contradiction. Plus que de comprendre, il est important pour l'esprit de rester éveillé.

Cependant la littérature a le risque d'affaiblir la capacité de faire les expériences nous-mêmes et de trop laisser vagabonder notre imagination. Souvent les gens ont peur de changer d'opinion parce que, ce qui les possède, c'est ce qu'ils ont lu, et, comme pour leurs possessions, ils ne veulent pas s'en défaire.

Trop lire épuise également l'énergie. Ne possédez pas plus de livres que vous ne pouvez en lire. Peu d'auteurs, peu d'ouvrages, peu de textes mais les plus importants suffisent.

Plutôt que de beaucoup lire, alternez vos lectures avec l'écriture et prenez des notes sur vos lectures afin de vous obliger à exprimer avec précision et clarté vos opinions et vos idées. Cette pratique les implantera dans votre esprit, ce qui vous permettra de les utiliser dans la vie quotidienne.

On fait siennes les choses que l'on entend, que l'on lit, que l'on écrit. Elles nous pénètrent, nous aident à interpréter ce que nous vivons.

Lire, écrire c'est donc prendre soin de soi. L'idéal est de trouver un équilibre entre lecture, écriture et réflexion, un peu comme les abeilles qui volent de fleur en fleur et choisissent celles qui leur permettront de faire leur miel. Mettez donc de côté tout ce que vous avez « récolté » au cours de vos diverses lectures. Appliquez tous vos soins à constituer un moi plus solide et entier propre à vous et à vous seule, à rassembler ces multiples trouvailles.

Écrivez pour affirmer votre personnalité

« Sauvez-vous des thèmes généraux et écrivez ce que votre vie quotidienne vous offre. Décrivez votre tristesse et vos désirs, les idées qui vous passent par la tête et vos croyances en certaines formes de beauté. Décrivez tout cela avec une humble sincérité silencieuse et quand vous vous exprimez, utilisez les mots autour de vous, les images de vos rêves et les objets dont vous vous souvenez. Si votre vie quotidienne vous semble pauvre, ne blâmez pas la vie. Blâmez-vous vous-même. Admettez que vous n'avez pas assez de poésie pour appeler les richesses. Parce que pour le créateur il n'y a ni pauvreté, ni pauvres, ni endroit indifférent. »

Rainer Maria Rilke, *Lettres à un jeune poète*

Quand vous ne savez plus quoi faire, écrivez sur une feuille de papier tout ce qui vous passe par la tête. Les idées se perdent dans la panique et le désordre. Mais les mots, eux, donnent du sens. Écrivez ce que vous désireriez. Le fait même d'écrire enclenche quelque chose de magique. Habituez-vous à savoir exactement ce que vous voulez.

Afin de nous délivrer de nos pensées, il faut d'abord les exprimer clairement pour pouvoir ensuite les éliminer. Écrire est un moyen utile pour apprendre à se connaître et à s'écouter. Tout le monde peut écrire. Mais une fois que vous avez la conviction d'une idée, détruisez tout ce que vous avez écrit : seules les impressions qu'elle laisse en vous doivent rester. Ne gardez que les notes de choses agréables, et dans les périodes sombres, vous aurez en face des yeux la somme de richesses, d'accomplissements et de joies qui sont les preuves que vous avez déjà vécu beaucoup de moments pleins et... qu'il y en aura d'autres.

Écrire, c'est entrer en relation avec son esprit. Cet acte engage simultanément l'intellect, l'intuition et l'imagination. Si nous ne savons pas exactement où nous en sommes, comment pouvons-nous prendre une direction pour continuer?

Lorsque vous êtes en colère, écrivez. C'est le meilleur moyen de mettre une distance entre vous et vos problèmes. Comme si, quelque part, ils ne vous appartenaient plus vraiment. Et c'est le meilleur des somnifères. Après avoir versé de l'encre et vidé votre cœur, vous vous sentirez sereine.

Les images intérieures sont aussi importantes pour l'âme que celles de la nature pour les yeux. Dans cet esprit, poésie, romans et films sont indispensables. Ayez votre propre cahier de citations, poèmes, blagues, anecdotes, récits, mémoires...

Faites travailler votre mémoire

> « Une intelligence d'homme doit s'exercer selon ce qu'on appelle Idée, en allant d'une multitude de sensations vers une unité dont l'assemblage est un acte de réflexion. Or cet acte consiste en un ressouvenir des objets que jadis notre âme a vus, lorsqu'elle s'associait à la promenade d'un dieu. »
>
> Racine, *Phèdre*

Se rappeler ce que l'on a dans la tête; ouvrir un à un les tiroirs de sa mémoire, se réciter ce que l'on a appris par cœur, se rappeler les sentences fondamentales qu'on a pu lire, voilà le meilleur moyen de cultiver sa mémoire.

Parlez-vous à vous-même, formulez le nom des choses à des fins de mémorisation. Il n'y a rien de meilleur pour acquérir expérience et sagesse que de pouvoir se rappeler. Les bons athlètes, par exemple, figent des phrases en eux, les prononcent, les répètent afin qu'elles s'incrustent dans leur esprit. Quotidiennement, ces schémas dictent ensuite l'action à accomplir et le corps lui-même les adopte sans que le mental ait à intervenir.

Investissez dans le savoir

> « Le Zen représente des efforts humains à atteindre, par la méditation, des zones de la pensée au-delà de l'expression verbale. On peut entrer en harmonie avec l'Absolu. L'homme intellectuel est une machine. La connaissance est ce qui est assimilé par l'esprit. »
>
> Inazo Nitobe, *Bushido, l'Âme du Japon*

Apprendre est un usage très actif de l'esprit menant à des changements actifs du corps. Celui-ci est le résultat physique de toutes les interprétations qui nous ont été enseignées depuis que nous sommes nés. De nouvelles connaissances, un nouvel apprentissage, de nouvelles facultés aident le corps et l'esprit à grandir. Plutôt que de dépenser votre argent en biens matériels, dépensez-le en nouveaux apprentissages. Le savoir est la seule chose que personne ne pourra jamais vous retirer. Et cet investissement ne fait que prendre de la valeur. Mais attention : ne considérez pas votre savoir comme une possession. Les gens qui ont la faculté de ne pas penser à eux ne parlent pas de ce qu'ils savent, mais des idées qu'ils créent. Ils ne sont pas « pendus » à leur savoir. La connaissance est ce qui est assimilé par l'esprit.

La meilleure manière d'apprendre est d'enseigner. Cela vous force à bien « posséder » le sujet, à exposer vos connaissances et à améliorer la façon de les exprimer. Cela vous oblige à élever vos « quotients » d'excellence et à penser de manière créative et articulée.

Décrispez votre conscience. Acceptez l'irrationnel et l'incompréhensible pour élever et enrichir votre personnalité. Malheureusement, nous autres Occidentaux, avons contre nous toutes les autorités dans le domaine intellectuel, moral et religieux.

Le savoir est le pouvoir. Mais les Occidentaux ne prennent conscience que de ce qui s'exprime avec des mots. Les Orientaux, eux, jugent inutile d'exprimer par des mots les expériences concernant le domaine de l'irrationnel.

Les exercices et la discipline

Pourquoi les exercices ?

Se corriger, c'est beaucoup plus se libérer que se former ou obtenir un savoir.

Il faut travailler sur soi-même pour corriger ses défauts et trouver les moyens de redevenir ce que nous aurions dû être mais que nous n'avons jamais été.

Tout exercice nécessite d'abord une ordonnance des uns par rapport aux autres, une suite dans le temps, un temps dans la journée, une journée dans la semaine, un mois dans l'année. Aucun moment de la vie ne devrait être double, animé, sous-tendu par plusieurs types d'exercices.

L'éthique exige des exercices, de la régularité, du travail. Ce n'est pas une obligation pour nous, c'est un choix personnel d'existence.

La vraie philosophie est la discipline de soi. Il faut se confronter à soi-même.

Et surtout, il faut aimer ces exercices, les ressentir comme un besoin, une source d'enrichissement, une nécessité. Toute personne peut apprendre à tirer une leçon d'esthétique du plaisir dans le fait que la nourriture a pour but d'assouvir la faim, la boisson d'apaiser la soif et la maison de protéger des intempéries et de l'agressivité du monde extérieur.

Avant de commencer à pratiquer un exercice, il faut donc s'assurer que celui-ci ne se retournera pas en douleur mais qu'il s'intensifiera en plaisir et en satisfaction après avoir été maîtrisé.

Savoir de quoi on est capable est le premier élément à déterminer. Et puis, s'engager pour un jour, deux jours, une semaine. L'idéal est dit-on 28 jours, période après laquelle le corps et l'esprit peuvent prendre une habitude.

Concilier discipline et relâchement, action et repos est un entraînement difficile mais passionnant, un exercice qui demande une attention de chaque instant mais sans lequel aucun changement n'est possible.

LES SECRETS DU BON EXERCICE

Le secret de réussite de tout exercice est le dosage. Il faut se garder (une fois de plus !) de l'excès et ne pas tomber malade ou en venir à des situations extrêmes. Un exercice ne sera profitable que s'il est appréhendé de façon positive, agréable et fructueuse. Alors et alors seulement il deviendra nécessaire et sera répété régulièrement. Le corps ne doit pas encombrer l'âme et il doit rester libre pour l'activité intellectuelle, la lecture, l'écriture... d'où le but de l'exercice.

Quelques exercices

EXERCICES DU MATIN

> « Le matin, quand il te coûte de te réveiller, que cette pensée te soit présente : c'est pour faire œuvre d'homme que je m'éveille. D'autres qui aiment leur métier se consument aux travaux qui s'y rapportent sans se baigner ni manger. Toi, estimes-tu moins ta nature que le ciseleur son art, le danseur la danse ? »
>
> Marc Aurèle, *Pensées*

Dès le matin, fixez le programme de votre journée. Rappelez-vous le but général que vous vous proposez dans vos actions. Dites-vous que vous allez vers votre propre perfection. Ce nouveau jour, c'est un nouveau degré de votre vie. C'est ce genre de réflexions personnelles qui donneront forme à l'esthétique de votre existence. Mais veillez à éviter de tomber dans le narcissisme.

EXERCICES DE LA JOURNÉE

Exercez-vous à l'endurance physique. Pour que vous deveniez active, vos efforts doivent passer par le corps : renforcer son courage, être capable de souffrir sans s'effondrer ou se plaindre, essayer de résister froid, au sommeil, à la faim.

Accordez à votre corps juste ce qui lui est nécessaire pour bien se porter. De temps en temps infligez-vous un traitement assez dur pour supporter les coups de la vie quand vous y serez contrainte.

Exercez-vous à la modération, à la patience, résistez aux tentations qui peuvent s'offrir, attendez quelques instants avant d'ouvrir un cadeau, une lettre...

EXERCICES DU SOIR

Préparez votre nuit en examinant tout ce que vous avez fait dans la journée et purifiez ainsi votre pensée : en vous refusant de ressasser – ne serait-ce qu'une soirée – vos problèmes, vous rendrez tranquille votre sommeil.

Faites le bilan des choses accomplies : comment elles l'ont été, comment elles auraient dû l'être, ou bien pourquoi elles ne l'ont pas été et quelles conclusions vous pouvez en tirer.

Puis accomplissez un rite de purification : respirez un parfum, une fleur, un bâtonnet d'encens... écoutez un peu de musique, prenez un bain et préparez-vous à un doux sommeil en demandant à la nuit de vous apporter le repos et les rêves de votre choix.

Pauvreté, frugalité et détachement

> « Je me souviens de ce jour où, dans le Sahara, un Bédouin m'avait offert un thé sucré servi dans un minuscule verre. Il l'avait préparé avec cérémonie, faisant bouillir de l'eau dans une vieille boîte de conserve sur un petit feu allumé avec deux ou trois brindilles. Il n'avait qu'un seul verre, alors il m'avait d'abord préparé mon thé. Et puis, quand j'ai eu fini de le boire, il a préparé le sien. »
>
> Mémoires d'un voyageur

La pauvreté équivaut, pour de nombreux mystiques et penseurs, et cela aussi bien en Occident qu'en Orient, à une vertu. Selon les doctrines zen, le terme « pauvreté » ne signifie pas seulement le manque d'argent. C'est aussi l'humilité de l'esprit et le renoncement aux désirs temporels.

Le penseur et écrivain anglais Carlyle avait entrepris une étude comparative entre la pauvreté et la philosophie du Vide, concluant que nous devons renoncer à toute dualité, quelle qu'elle soit. Il reprenait les pas de ce prêtre dominicain du XIIIᵉ siècle, Maître Eckart, qui toute son existence prêcha que ne rien posséder et s'ouvrir au Vide est la voie de la philosophie de la vie, une démarche rationnelle, non réaliste et pourtant religieuse. La pauvreté à laquelle il faisait référence dans ses sermons n'était pas extérieure, c'est-à-dire matérielle, mais intérieure.

Beaucoup d'entre nous ont de l'argent ; seulement ils vivent comme des pauvres. Ils ont perdu leur enthousiasme à apprécier les choses de la vie et n'ont même plus souvenir des joies de leur jeunesse.

Ne rien vouloir signifie ne pas s'attacher à son ego (à ne pas confondre avec l'amour-propre). Pour Maître Eckart, comme pour les bouddhistes, les causes de la misère humaine sont l'avidité, la soif de possessions et de l'ego. Tous ces grands maîtres ont en commun un concept : le non-attachement.

Notre but serait non pas d'avoir, mais d'être. Bien sûr, ne rien avoir est impossible car cela reviendrait à dépendre des autres. Comme l'explique justement le philosophe et psychanalyste allemand Erick Fromm, regarder une fleur, c'est vivre au mode être. La cueillir, c'est vivre au mode avoir.

Un Occidental, pensait Carl Jung, ne peut comprendre le bouddhisme, parce que sa société est centrée sur la propriété et l'envie. Eckart, dans ce sens, est aussi difficile à comprendre que le zen ou la poésie de Bashô. Le concept japonais Sei Hin (*sei* signifiant propreté, et *hin* beauté) accorde plus d'importance à la pureté du cœur qu'à la richesse matérielle. Ainsi il y a encore quelques siècles au Japon, la classe des marchands était-elle profondément méprisée.

La pauvreté

Ce qu'il faut acquérir à tout prix, c'est de quoi vivre : la sécurité financière pour garder son indépendance et sa dignité.

On comprend aussi qu'il est plus supportable de ne rien posséder plutôt que de perdre ce que nous possédions. En se détachant matériellement, on se détache aussi psychologiquement, et donc spirituellement.

Tout cela est possible : la personne à laquelle il est le plus facile de dire non est... soi-même !

On peut alors prendre goût à se limiter, à mener une vie économe.

Cette pauvreté choisie, aidée par des goûts simples, peut ensuite se muer en richesse. On apprendra peu à peu, grâce à ce style de vie, à évaluer les qualités pratiques des choses et non leur qualité de faire-valoir.

Manger pour simplement dompter sa faim, se maîtriser pour dompter sa colère... tout cela est nécessaire pour trouver la paix. Il faut en quelque sorte se quitter soi-même. Par là, on quitte toutes les choses.

Paradoxalement, c'est celui qui renonce à lui-même qui garde tout ce qu'il veut. Car il a renoncé à tout ce qu'il ne désirait pas expressément. Ce n'est pas celui qui a peu, mais celui qui désire plus qui est pauvre. Celui qui s'adapte à la pauvreté est riche.

La sobriété est une pauvreté volontaire et les mesures de la richesse sont ce qui est nécessaire et ce qui est suffisant.

L'épicurisme d'ailleurs est d'origine ascétique : aucun bien n'aide son possesseur si celui-ci n'a pas été à l'avance préparé à le perdre.

Imaginez que vous ne possédez plus qu'un appartement, un lit, une table, un ordinateur, une petite cuisine aménagée et quelques vêtements. Plus de bijoux, ni de livres, ni de bibelots... Seriez-vous en enfer ou au paradis ?

Exercez-vous à la pauvreté. Pratiquez l'abstinence comme une sorte d'exercice régulier, auquel vous reviendrez de temps en temps et qui vous permettra de donner une nouvelle forme à votre vie, cela pour apprendre à être suffisamment détaché des biens qui vous entourent. Il faut de temps en temps se priver du luxe, afin de ne pas être malheureux le jour où le sort nous dépouillerait de tout. Il faut s'entraîner ainsi pour vivre heureux, tout simplement.

Il faut aussi s'exercer à la pauvreté pour ne pas la redouter : boire du café lyophilisé pendant une semaine si l'on ne consomme que de très bons arabicas d'habitude.

Le renoncement aveugle est aussi stupide que la vie mondaine; de plus, il n'est pas réalisable. Toutefois on peut s'efforcer de trouver un juste milieu : un heureux équilibre entre vouloir attraper au vol toutes les opportunités qui se présentent à nous et rester les bras croisés. Il suffit de ne s'attacher qu'aux choses qui ont une réelle importance. Demandez-vous toujours si ce que vous faites en vaut la peine, et si vous y renoncez, ce que cela vous apportera. Que ce soit une acquisition matérielle, un engagement professionnel ou une décision familiale.

Minimalisme, éthique et religion

Le désert est un lieu de nomades qui ne possèdent que ce dont ils ont besoin. Et ce dont ils ont besoin, ce sont des nécessités de la vie, non des possessions.

Méfiez-vous des religions et de la vertu, surtout si tout ce qui en reste est sans vie et formel. Il n'est pas besoin d'appartenir à une communauté pour vivre dans la compassion et l'humilité. Ce n'est pas non plus en menant la vie d'un berger illettré ou en renonçant à toute forme de savoir que l'on devient simple ou minimaliste. C'est au contraire en élargissant sa conscience du monde et en communiant avec son immensité que l'on y parvient.

Les voies menant à l'humilité, à l'honnêteté et à la compassion commencent par notre façon de vivre. Pourquoi toujours ce besoin d'être le meilleur, le plus riche, le plus intelligent? Pourquoi constamment vouloir écraser les autres de son savoir, de sa puissance, de son argent? C'est en vivant simplement, avec peu, que l'on peut abolir ces injustices, ce conformisme tapageur et de mauvais goût, les préjudices et les conventions.

Il est plus confortable de vivre dans un ascétisme raisonnable que dans une bourgeoisie injuste. Dans l'ancien Japon, il existait un art : celui de chic praticiens qui se faisaient ermites, vivant dans de modestes demeures, mangeant peu, possédant peu, et ne se mêlant guère à la société.

Les choses seulement amassées sont mortes. Il ne faut donc pas leur prêter plus d'importance qu'à notre vie, notre temps, notre énergie.

Vivre simplement, ce n'est pas seulement se contenter d'un repas frugal. C'est aussi aspirer à un plus haut niveau de pensée et de mode de vie.

Cela veut dire tout apprécier, découvrir des joies dans les choses les plus modestes, les plus banales. C'est profiter de tout ce qui s'offre à vous.

Si vous possédez trois voitures et que vous vous sentez insatisfait, c'est probablement que vous êtes du type gaspilleur, que vous manquez de cette reconnaissance à profiter des choses. Beaucoup de plaisirs gratuits s'offrent à nous, et nous n'en profitons pas : des bibliothèques riches de milliers de livres, des bois où pique-niquer, des lacs où nager, des programmes de radio éducatifs... Le gâchis, c'est d'avoir des choses dont on ne profite pas. Comme nous en avons trop, nous passons à côté de maintes opportunités.

La simplicité, c'est un équilibre, c'est savoir mesurer le degré d'appréciation du monde matériel et profiter efficacement du bonheur, mettre sagement à profit argent, temps et possessions.

Bien vivre ne veut pas dire vivre « pauvrement », se priver constamment. La façon d'y parvenir est d'adopter une attitude positive face aux privations et de ne pas compter sur les choses matérielles pour être heureux. Nous possédons en nous tant de richesses non explorées.

Assez, c'est assez

> « Celui qui pense que c'est assez aura toujours assez. »
>
> Lao Tseu

La sobriété est une manière de vivre intelligente, simple mais aussi élégante. Elle se résume dans ce mot magique : « assez ».

Avec une définition personnelle de ce que « assez » représente, vous serez heureuse. Assez pour vivre, assez pour manger, assez pour être contente...

Vous n'aurez jamais assez si vous voulez satisfaire tous vos besoins.

Vivre entre la sérénité et l'intensité, voilà l'essentiel.

C'est en vous détachant des choses que vous pourrez vous détacher des gens et de leurs principes sclérosants. Vous deviendrez alors extrêmement adaptable aux choses extérieures, acceptant et recevant tout avec joie. C'est quand tout a été abandonné et rejeté de l'intérieur qu'il n'y a plus d'attachement. Chaque action peut alors être dictée par les circonstances. L'idéal serait de ne s'attacher à rien et de n'être dépendant de personne, de se contenter d'agir avec un humble souci de perfection.

Ce que l'on a à perdre n'importe pas autant que ce que l'on peut gagner. On peut atteindre son but en travaillant sur l'essentiel, le beau et la perfection.

Le renoncement

Le détachement est le fruit du renoncement et celui-ci la première condition pour parvenir au détachement.

Notre préoccupation première devrait toujours être une connaissance plus profonde de notre esprit mais nous gaspillons notre temps, notre vie et notre précieuse énergie à accumuler les objets, les possessions, à rechercher du plaisir dans la nourriture, la boisson, les émotions fortes... Nous cherchons sans cesse à obtenir plus, à avoir plus de temps, et nous oublions que la puissance et la connaissance sont à l'intérieur de chacun de nous.

Renoncer est ce qu'il y a de plus difficile.

Pour apprendre à renoncer, c'est-à-dire à choisir de renoncer, il faut se fixer des objectifs raisonnables. Si l'on veut aller loin, il faut commencer tranquillement, sans user ses réserves. Et puis il faut apprendre à tirer parti de ses échecs pour évoluer. Renoncement, détachement ne s'acquièrent pas en quelques jours ni même en abandonnant toutes ses possessions. Le vrai renoncement est à l'intérieur de soi. La conscience humaine a besoin de périodes d'assimilation et de périodes de préparation. Beaucoup de choses ne peuvent pas être assimilées du premier coup, parce qu'elles ne font pas partie de notre conscience depuis longtemps.

Les « je... mon... ma...mes... » nous enchaînent et nous rendent esclaves car ils comprennent tout ce qui nous enrichit par la richesse, l'argent, le pouvoir, un nom, et ils équivalent aux verbes « prendre », « s'accrocher », « vouloir », « accumuler ». Certes ce sont des tendances typiques des humains mais être humain veut aussi dire chercher le bonheur. Ailleurs.

Une fois que vous aurez entraîné votre cerveau et vos nerfs à se reposer sur cette idée de non-dépendance, vous obtiendrez tout ce que vous désirez de la vie. Et vous verrez le monde d'un œil beaucoup plus optimiste.

Tout le secret est : « Entraînez-vous. »

Il est important, dans la première partie de sa vie, de goûter à tous les plaisirs, de posséder ce qui nous fait envie, d'expérimenter. On peut alors comprendre que renoncer est un plaisir et que le calme dépend

d'autre chose que de tous les petits plaisirs du quotidien.

Économisez votre énergie

*Retrouvez cette pulsion naturelle qu'est votre
énergie*

> « L'âme, cette étincelle bleuâtre de lumière se
> déplaçant à une rapidité incroyable, comme une
> lumière électrique... Le yogi était capable de
> détacher son âme de son corps, où elle venait et
> sortait à ses aises. »
>
> Théophile Gautier, *Le Roman de la momie*

Imaginez que l'énergie circule en vous comme un
courant d'eau. Ce qui vous encombre, c'est tout ce
qui est en excès. C'est tout ce qui envahit votre
monde matériel et psychologique. Désencombrer
n'est pas synonyme de privation, de négation,
d'appauvrissement. Au contraire, cela veut dire plus
d'espace, de clarté et de légèreté. L'énergie est gagnée
ou dépensée par les idées. Abandonnez donc tout
jugement de valeur. Ne donnez pas trop d'importance aux choses et aux événements. La vie, dans ses
contradictions, est un gaspillage de forces et engendre
la douleur. Désencombrer ne signifie pas seulement
faire de la place ou gagner du temps. C'est aussi
réduire cet état statique émotionnel, physique et
moral qui nous diminue, nous draine, nous empêche
d'agir. Nous risquons de nous éloigner de l'essentiel,
que nous ne pouvons réaliser si nous avons trop de
distractions. Si chacun possède de l'énergie, pourquoi

tout le monde ne la sent-il pas ? La vérité est que nous bénéficions tous d'une énergie humaine mais que l'activité fait tellement partie de notre quotidien que nous ne la remarquons pas. L'air est chargé d'électricité, les machines en produisent et la distribuent à travers des conduits. L'homme, lui aussi, vit grâce à une autre sorte d'électricité, son énergie, le ki. C'est cette énergie qui le fait se mouvoir, réfléchir, vivre. Tout, y compris les choses, les gens, l'art, l'habillement, la nourriture, affecte le degré d'énergie que nous possédons. La vie est une succession de sensations, une tradition et une chaîne d'anciennes pensées qui sont des énergies aussi réelles dans le monde mental que l'électricité l'est dans le monde de la physique. Chacun mène sa vie selon la composition de son être. Une personne est la projection de différentes émanations et d'activités variées. Chacun de nous est mis en action par la qualité de la matière dont il est composé. Mais c'est l'esprit qui fait circuler la matière. La science contemporaine de la matière et des molécules ne fait que réaffirmer ce que l'Orient nous a toujours dit : tout est illusion. En Chine, les taoïstes avaient pour but d'obtenir, grâce à ces vibrations, plus d'énergie physique et spirituelle. Sachant que le corps fluctue selon les pensées, il est possible de changer si nous le désirons. C'est une question de concentration de nos forces psychiques.

Le corps humain est une antenne du ki

La notion de ki vient de Chine et a été découverte par les taoïstes qui étudiaient les enseignements de l'Empereur Jaune et de Lao Tseu, ainsi que leurs secrets. Notre rapport à l'univers a attiré l'attention de chercheurs dans tous les domaines : la médecine, la religion, la psychologie, la philosophie, la physique... La physique moderne reconnaît à présent que tout, dans l'Univers, n'est qu'une énergie en pulsion, qui, par hasard, s'est reconstituée et concrétisée en configurations de la matière à des moments particuliers.

La matière, en ce sens, n'est qu'un médium à travers lequel sont observés des schémas et des densités d'énergie. Tout, sur notre terre, du téléphone aux vagues de la mer, en passant par notre système nerveux, forme une énergie globale que nous appelons la vie. Les formes de médecine alternative (acupuncture, homéopathie, thérapie américaine du *biofeedback*, massages thérapeutiques) donnent accès aux champs énergétiques (électriques, magnétiques, mentaux, psychiques...) au-delà des limites arbitraires de notre corps.

Nous sommes une immense somme d'énergie perturbée. C'est pour cela que les Orientaux ont toujours pensé que nous devions restaurer cette pulsation naturelle qui est notre essence.

Nous nous battons, nous fuyons, nous nous rendons. En d'autres mots, nous détendons ou contractons notre énergie, comme les reptiles. Quand nos peines quotidiennes, nos colères, nos frustrations nous la dérobent, il est essentiel de guérir et de comprendre l'importance de nos pensées et de nos émotions. C'est ainsi que nous pouvons virtuellement guérir toutes les maladies et que certains miracles s'expliquent. Mais cela, à condition d'apprendre à vivre dans le moment présent. Foi, liberté et joie sont donc primordiales.

Contrôlez votre énergie

> « Il ne faut pas penser à quelqu'un comme à un corps, mais comme à un courant d'énergie vitale. »
>
> Mishima

Allez vers ce qui vous apporte satisfaction, enrichissement personnel et liberté. Nous savons naturellement quelles activités, quelles choses, quelles idées, quelles pensées nous associons à ces qualités. Quand vous définissez avec clarté ce que vous voulez et pourquoi, vous savez entendre cette petite voix qui vous guide. C'est pourquoi cela fait du bien de penser et de rêver aux choses que nous désirons. Nous pouvons parler des heures sans nous fatiguer de ce qui nous passionne. Ces sujets de conversation nous fascinent, nous inspirent, nous font nous sentir plus nous-mêmes, ce qui nous donne une forme d'énergie que l'on appelle joie, enthousiasme. Dans les sciences occultes, il n'y a pas de foi aveugle, mais une connaissance. Nous sommes nés avec des facultés mentales et un corps qui se développent et élèvent les pouvoirs qui sont en nous.

Seul l'esprit est capable de saisir la réalité. Son pouvoir est illimité. L'esprit contrôle et dépasse la matière quand nos forces sont réunies. Il faut donc que le corps soit en parfaite condition, puisqu'il seconde l'esprit, si nous voulons avoir accès à plus d'énergie.

Sauvegardez votre réservoir d'énergie

Un esprit exténué et un corps en mauvaise santé vont de pair. Tant que vous ne respecterez pas la frugalité, que vous ne maintiendrez pas votre corps souple et détendu, que vous ne vivrez pas dans la simplicité, que vous ne respecterez ni autrui ni la Nature, vous ne pourrez pas être en bonne santé. Vous ne pourrez pas contrôler vos angoisses, vous ne pourrez pas vivre heureuse. Les idées qui ne sont pas des convictions sont vaines. Et les convictions s'obtiennent à travers l'expérience. La théorie de la médecine indienne, l'Ayurveda, soutient que l'esprit influence fortement le corps et que l'absence de maladie dépend du degré de conscience de notre mental ainsi que de l'équilibre que nous essayons d'obtenir.

Ki et enthousiasme

Oubliez le négatif afin de consacrer votre énergie à ce que vous désirez réellement être ou avoir. Il y a déjà 2 600 ans que Lao Tseu a dit que notre corps est composé d'infimes particules soudées les unes aux autres par de l'énergie. Il pensait que l'esprit est un agent secret qui opère sur le corps et le maintient en vie. Lao Tseu recommandait donc de nourrir son ki et d'accroître son énergie. Ne cultivez pas un goût pour les choses tristes, disait-il, même si elles sont belles. L'ancienne Chine n'avait ni musiques tristes ou vives, ni harmonies éveillant les émotions : la musique était faite pour soigner l'homme et l'élever spirituellement.

L'enthousiasme est ce sentiment qui nous incite à agir. C'est une forme d'énergie très puissante qui devrait être cultivée autant que possible. Mais comment avoir de l'enthousiasme quand le corps est malade ? Les gens sains sont ceux qui sont gais, ceux qui aiment la vie et ses plaisirs. Un des secrets pour vivre ainsi est de se souvenir avec autant de vivacité que possible des meilleurs moments de sa vie, des moments qui nous ont transportés dans une autre dimension. Ne vous est-il jamais arrivé de vous sentir triste, sans aucune raison particulière, et puis de recevoir un coup de fil pour aller vous balader avec un ami ? Vous oubliez en une seconde votre mélancolie et la vie est à nouveau là, pour vous.

Choisissez donc avec soin vos amis, votre musique, vos lectures... Dans notre société, nous sommes devenus trop passifs et acceptons ce que la radio, la télévision, les médias et les modes nous imposent.

Une seule chose est vraie : bien vivre. Mais bien vivre suppose être « vivant » et aimer la vie.

Le ki au quotidien

Les transformations du corps sont nécessaires à sa purification et aident à en préserver l'essence. Pour cela, il nous faut garder nos chaînes de transmission propres. Un sang sale est la cause de la plupart des maladies. Les aliments, eux aussi, ont leur propre taux de vibrations. Des aliments « morts » entraînent la mort. Trop de nourriture bloque l'énergie. Bougez, marchez, faites-vous des massages, méditez, respirez... Ne négligez pas l'insomnie. Les somnifères ne sont que des palliatifs et à moins d'avoir le système nerveux irrémédiablement atteint, il faut chercher à savoir pourquoi le sommeil ne vient pas. Sans sommeil, ou du moins sans quelques heures d'un sommeil profond, on ne peut pas vivre bien. L'insomnie est souvent due à un blocage du ki, lequel, empêché de circuler librement dans l'organisme, se bloque quelque part et forme des nœuds ; il en résulte trop d'énergie en certains points du corps, en particulier le cerveau qui, trop « activé », ne peut trouver le repos. C'est pourquoi faire quelques exercices de yoga, marcher, favorise la circulation du ki et permet une répartition plus égale de celui-ci dans l'ensemble du corps.

L'eau, également, est très importante en ce qui concerne le ki. L'air qui en est chargé, par exemple, multiplie les ions positifs à l'approche d'un orage, d'où cette sensation de fatigue et de tension. Mais une fois que l'orage a éclaté, nous sommes immédiatement soulagés. Les ions négatifs, en grandes quantités au bord des eaux en mouvement (bords de mer, rivières tumultueuses, torrents, cascades...), sont donc très précieux pour nous redonner du ki. Les Chinois sont d'ailleurs convaincus que l'eau transporte une énergie vitale et qu'elle est sacrée.

En conclusion

Voyagez, vivez

> « Tant que les gens voyageront encore dans de lointains villages retirés où ils trouveront une petite chambre pour passer la nuit, tant qu'ils auront plaisir à se contenter de transports en commun et des vendeurs des quatre saisons, ils trouveront du réconfort dans de petites choses. »
>
> Alexandra David-Néel, *Lampe de sagesse*

Les occupations sédentaires mènent à la dépression nerveuse, au mal de vivre et à la dissolution. Laissez la lumière et les pensées agréables parvenir jusqu'aux coins les plus sombres de votre esprit. Essayez de réinterpréter votre passé sous un jour positif et ne vous demandez pas pourquoi vous vivez. C'est une question qui n'a pas de réponse. Demandez-vous plutôt ce que la vie attend de vous. Changez de paysages, de visages, de climats. Partir rafraîchit l'esprit autant que le moral ; voyager radoucit, soulage, régénère.

Comment est-on libre si l'on reste attaché à sa maison comme une huître à son rocher, dans la routine et l'ennui? Partez pour le plaisir. Non pour revenir avec des trophées à cent sous ou des comparaisons chauvines. Un crayon et un calepin suffisent. Nombreux sont ceux qui craignent l'instabilité. D'autres détestent les situations fixes, sans surprises. D'autres encore, que demain ressemble à aujourd'hui. Mais un chemin peut paraître fascinant parce que l'on ignore où il mène. Quelle joie de partir pour une destination inconnue, sans contraintes ni devoirs, avec un menu bagage et l'univers pour soi! Trouvez de la satisfaction dans le simple fait d'être là, sans rien ni personne, emportée par le charme des paysages, par des visages nouveaux... Ces nouvelles sphères laisseront une trace indélébile sur votre âme.

Riez, soyez heureuse

Le rire est nécessaire. Il nous vide, nous nettoie. Certains hôpitaux d'Inde l'utilisent comme thérapie avec leurs patients. Rire déride et aide toutes sortes d'émotions à remonter à la surface. Quelqu'un qui ne rit jamais est malade.

Concentrez-vous sur le moment présent, il est assez riche en lui-même. Dites-vous que tout change, même les soucis et les malheurs. Et que rien n'est immuable.

Dressez une liste des choses qui vous font plaisir. Efforcez-vous d'en satisfaire au moins une chaque jour. Jardinez, cuisinez, baladez-vous, buvez votre thé en mangeant quelques petits toasts. Créez quelque chose que vous pourrez ensuite admirer (une fournée de biscuits, un jardin, un placard impeccablement rangé...).

Le bonheur de vivre dépend de très petites choses et il ne faut pas renoncer à être libre, modeste, agréable ou sociable. Le bonheur est un exercice physique et mental de chaque instant, une bagarre continuelle. Il faut savoir se défendre de tout, faire de sa vie un abri. Et savoir que là où il est possible de vivre, il est possible de bien vivre.

Notre objectif devrait se résumer à ne pas rechercher les biens éphémères mais à trouver son bonheur et son bien ultime dans son âme et son esprit, à être libre, à se créer sa propre esthétique de l'existence.

Tout peut rendre heureux. À chaque moment de bonheur, on s'accomplit soi-même, on s'aide, on se permet d'être soi. Beaucoup de petits actes de la vie quotidienne peuvent être sources de bonheur : écrire une lettre, planifier un repas d'amis, ranger un placard...

Si vous avez des rêves pour le futur, cela veut dire que vous croyez encore en vous-même. Tant que nous vivons, nous avons des choix. Les gens qui se croient pauvres ou malheureux ne cultivent pas leur imaginaire et laissent mourir en eux des sommes de choses qui pourraient être belles et profondes.

Trouvez la tranquillité à l'intérieur de vous

« Est heureux celui qui croit l'être. Tout ce que j'ai est avec moi. »

Stilpon de Mégare,
IIIe siècle avant J.-C., disciple de Socrate

Nulle part l'homme ne trouve plus de tranquillité et plus de retraite que dans son âme, surtout s'il possède, en son for intérieur, ces notions sur lesquelles il lui suffit de se pencher pour acquérir aussitôt une quiétude et un ordre parfaits.

Attendez-vous au pire, acceptez la vie et souriez

Acceptez l'inévitable avec résignation et grâce, et dites-vous que quelque part, cela vous aide. Évitez ce que vous pouvez éviter et affrontez le reste avec fermeté et patience.

Accepter mentalement le pire nous aide à éliminer les doutes, les fausses espérances, les inquiétudes. Quand on se dit que l'on a tout à perdre, cela signifie que l'on gagnera quelque chose. Ne pas accepter la vie telle qu'elle est nous empêche d'évoluer. En une seule journée, nous sommes disciples et maîtres. La sagesse consiste à savoir quoi faire à un moment donné. Lorsque nous arrêtons de nous battre contre l'inévitable, nous pouvons vivre plus richement.

Accueillez le malheur sans essayer de le refuser et découvrez beauté et compensation où que vous soyez. Levez-vous tôt, et faites un peu d'exercice, comme ces vieux Pékinois que l'on peut voir encore de nos jours pratiquer le Ki Gong dans les parcs de Pékin. Vivez selon votre nature et avec les saisons.

Marc Aurèle conseillait dans ses *Pensées* d'évoquer certaines des différentes personnes auxquelles vous devez telle ou telle chose et qui ont été, en quelque sorte, les modèles de votre vie ; des personnes qui vous ont apporté un certain nombre d'éléments avec lesquels vous avez composé votre comportement et vos principes de conduite : « Ce n'est pas la possibilité, pour l'individu qui l'a mérité, de choisir entre les différents types de vie qui lui sont proposés. Il s'agit au contraire de lui dire qu'il n'a pas le choix et que, dans cette vue plongeante qu'il a sur le monde, il faut bien qu'il comprenne que toutes les splendeurs qu'il peut trouver dans le ciel, les astres ou les météores... tout est indissociablement lié aux mille fléaux du corps et de l'âme, aux guerres, aux brigandages, à la mort et aux souffrances. Celui-là est parvenu au point suprême, qui sait ce dont il doit se réjouir. »

La vie et la mort

> « L'essentiel n'est pas de vivre mais de bien vivre. »
> Platon, *Criton*

La seule façon d'être en vie est de l'apprécier. Savoir qu'on va s'éteindre comme une bougie nous oblige à en prendre notre parti et à nous arranger pour vivre sensément, véritablement et toujours avec le sentiment de nos propres limites. Cela nous donne la paix de l'esprit qui accepte le pire. D'où une libération d'énergie. Puisque nous avons un temps limité à vivre sur cette terre, il faut le vivre aussi heureusement que nous le pouvons dans les circonstances données.

Faites le premier pas, puis un autre, mais ne regardez ni trop loin, ni trop en arrière. Vivre, après tout, n'est que manger, dormir et occuper son temps comme on peut. Tout ce à quoi chacun devrait aspirer, c'est à être lui-même. Nous nous posons trop souvent des questions sur le sens de la vie, et puis nous réalisons que la réponse n'est pas dans les mots, mais dans ces moments où nous avons oublié la question elle-même ! Nos buts, nos ambitions ne sont que des substituts, une sublimation du sentiment de « vivre ». À chaque étape de notre développement spirituel, notre meilleur allié est notre corps. Plus une personne a une vie empreinte de spiritualité, plus elle sait vivre dans le moment présent, plus elle vit dans son corps. Avoir une prémonition de l'inconnu, sentir que l'Univers est empli de mystères et de phénomènes inexplicables, voilà la réponse à l'interrogation sur le sens de la vie. Il faut accepter une certaine folie pour vivre, ne pas rechercher la causalité mais reconnaître le mystère. Celui qui a fait un beau rêve, disait Henry Miller, ne se plaint jamais d'avoir perdu son temps. Il est content car il a participé à une expérience qui élevait et embellissait la réalité.

À partir du XIXᵉ siècle, les Occidentaux ont commencé à confondre esprit et intellect. Ils n'ont plus fait de différence entre l'esprit et l'âme. L'âme a besoin de plaisirs comme l'esprit a besoin d'idées et le corps de nourriture. Buvez du champagne, étudiez les philosophes du New Age, et vivez chaque minute comme si c'était la dernière. Nous ne pouvons être heureux que si nos instincts naturels sont normalement satisfaits. Prenez la vie au jour le jour en empruntant ces chemins qui serpentent sous la double attraction du rythme binaire au gré des jours, des nuits et des saisons. Aimez l'humanité dans son infinie diversité.

Les bulles d'un faux bonheur crèvent devant la douleur d'une perte, mais vivre heureux c'est se rapprocher de la perfection. Prenez soin de votre santé et efforcez-vous de maintenir un équilibre entre votre mental et vos émotions. Peu à peu, les pertes et la mort n'apparaîtront ni plus ni moins essentielles que le gain et la vie. Vivre est un art qui atteint son sommet lorsque l'homme n'a plus à travailler. Nos générations verront de plus en plus de personnes vivant jusqu'à 100, 105, 110 ans. Il est donc temps de préparer ces merveilleuses années et de réunir toutes les conditions nécessaires pour les vivre pleinement. N'abandonnez pas vos rêves, ne fermez pas vos esprits aux mystères, et pour être heureux, vivez simplement.

Liste de vos 1 000 petits plaisirs

Transcontinental
IMPRESSION
IMPRIMERIE GAGNÉ

IMPRIMÉ AU CANADA